AF283938

¡Sssssshhhhhhhhhhh!

Haz del teatro algo íntimo

Llévalo siempre en el bolsillo

Cubierta y diseño editorial: Éride, Diseño Gráfico
Dirección editorial: ángel jiménez

Primera edición: mayo, 2024

La entretenida
Mi agravio mudó mi ser
© Laura Rubio Galletero
© Del prólogo: Juana Escabias
© VdB, 2024
Espronceda, 5
28003 Madrid

VdB®

ISBN: 978-84-19850-53-9
Depósito Legal: M-11260-2024
Diseño y preimpresión: Éride, Diseño Gráfico

Cualquier forma de reproducción, distribución, comunicación pública
o transformación de esta obra solo puede ser realizada con la autorización
de sus titulares, salvo excepción prevista por la ley. Diríjase a CEDRO
(Centro Español de Derechos Reprográficos, www.cedro.org) si necesita
fotocopiar o escanear algún fragmento de esta obra.

Todos los derechos reservados.

VdB® es una marca registrada de Éride, S.L.

 Este libro protege el entorno

la entretenida

❦

mi agravio mudó mi ser

Laura Rubio Galletero
(Barcelona. 1979)

Licenciada en Historia del Arte y Titulada Superior en Dramaturgia y Dirección de Escena, con especialidad en Dramaturgia y Ciencias Teatrales. Doctoranda en el Instituto de Investigaciones Feministas de la Universidad Complutense de Madrid, destaca como directora artística del Festival 7 Villas en la Comunidad de Madrid y ha colaborado con diversas compañías teatrales nacionales e internacionales.

Su obra como dramaturga y autora independiente ha sido ampliamente reconocida y publicada en diversos idiomas como el inglés, el francés y el griego.

Como autora ha colaborado en producciones nacionales en internacionales y ha participado en festivales internacionales en países como Canadá, EE.UU, Reino Unido, Grecia y Argentina. Ha publicado una docena de textos como por ejemplo, *El techo de cristal* en ediciones Antígona, *Las Boulanger* en Éride ediciones, o *Palacio de amor* en la Revista de la ADE.

Ha recibido numerosos premios y becas, como el Laboratorio SGAE, Ensayando un Clásico de la Fundación Almagro destacando el premio Galerías del Ayuntamiento de Segovia por su instalación performativa sobre Camille Claudel, titulada *Derrumbe*.

Como docente, comparte conocimientos y experiencias en el ámbito de la dramaturgia y de los estudios literarios desde una perspectiva feminista en distintas instituciones educativas.

En 2022, fue Finalista a los Premios Max de Teatro, con la obra *En tránsito* y actualmente es candidata con su última obra: *Homo Ausente. Cosas que un hombre no haría*, de Produccio Sra_ Rojo.

LAURA RUBIO GALLETERO

la entretenida

Humorada cómico-lírica de la popularísima
comedia La entretenida de Miguel de Cervantes
escrita en tres jornadas y una varieté.

mi agravio mudó mi ser

Diálogo con las otras a través del tiempo.

La donación de una misma.

Conocí personalmente a Laura Rubio Galletero en el año 2016, en la Sala Berlanga de la SGAE, durante uno de los «Maratones de Monólogos» organizados allí por la AAT. Yo dirigía algunas de las piezas y velaba por los últimos detalles, pendiente en todo momento de mis actores. Aquella tarde escuché la lectura de un monólogo de Laura cuya protagonista era la cantante Billie Holiday. Bajo el pseudónimo que la identificada y que a la vez daba título a la pieza, *Lady Day*,[1] los pensamientos de la cantante negra hechos palabra en aquel monólogo reverberaban en el auditorio como bombas dirigidas al averno.

El texto era poderoso, contundentemente bello y visceral. Vibraba y te hacía vibrar. Contenía la imprescindible cualidad que, en opinión de Wassily Kandisky, conforman una obra artística: oscilación interior, como la vida. Con poquísimos recursos, la autora de aquel monólogo transmitía con acierto los infiernos interiores y el periplo existencial de la que fue una de las más importantes cantantes de todos los tiempos. Holiday describía el cuartucho que

---

[1] Publicado en «Escenarios de crisis: dramaturgas españolas en el nuevo milenio», 2018, Benilde Ediciones, Sevilla.

le hacía de camerino, un almacén para caca-
huetes y botellas de wisqui, en los siguientes
términos: «Si me fallan las fuerzas siempre
puedo abrir una de las botellas y trincarmela
de un trago… Subirse al escenario y entregar
unos momentos de placer a los que esperan
beber de mi sangre. Que al menos, mi sangre
este caliente por el whisky -me digo yo- y no
por el dolor que puedo llegar a sentir. Porque
cuando me clavan sus colmillos mientras can-
to: *All of me/ Why not take all of me*, siguen au-
llando por lo bajo. Asi que, me entrego a los
lobos con la sangre ardiendo. ¿Existe algun
otro modo?»

De inmediato comprendí que se había des-
cubierto ante mí una verdadera voz, una voz
nueva y valiente, la de una nueva autora mo-
vida más por la necesidad de hacer la vida palabras que por la evanescente atracción de los
fulgores del arte. Una voz que te arroja las palabras sin tapujos ni censuras, sin saber ni querer domesticarlas, con la fuerza de elementos
naturales. Para mí, Laura Rubio Galletero crea
desde esa generosidad de la artista verdadera
incapaz del artificio, desde la donación de ella
misma.

Desde ese día, he vuelto a coincidir con ella
en distintas ocasiones, una de ellas fue una
jornada sobre dramaturgas a la que ambas fui-
mos invitadas por la Universidad de Salaman-
ca. Su conferencia versaba sobre un interesan-
te y controvertido tema, el concepto de autoría femenina. Transitaba por la Historia y por

distintos movimientos conceptuales y autores realizando aportaciones de muy diferente consideración y óptica en torno a esa elucubración: ¿existe y se puede categorizar la denominada «autoría femenina»?

A Laura Rubio Galletero le gusta reflexionar. Es una autora que se desenvuelve entre el mundo del arte y la investigación enfocada a la docencia. Ha fundado dos compañías teatrales, Yo la peor de todas y Producciones Señora_Rojo, ha estrenado y publicado obras teatrales, está cursando el Doctorado en el Instituto de Investigaciones Feministas de la UCM y ha publicado artículos científicos, algo que no todos los escritores hacen. Sus artículos científicos resultan para mí tan atractivos como sus obras dramáticas. Como a mí, le interesa el feminismo, la restauración del canon, las dilucidaciones filosóficas sobre los condicionantes añadidos a la condición humana de ese cincuenta por ciento de la población de la que ella y yo formamos parte. En uno de sus artículos científicos, titulado «Ahogarse en un vaso de agua» y publicado por la Revista Internacional de Culturas & Literaturas (vinculada al grupo de investigación Escritoras y Escrituras al que yo, con orgullo, pertenezco) reflexionaba sobre las esclavitudes a las que la sociedad ha sometido y somete a las mujeres en diferentes culturas y desde el origen de los tiempos, crueles mandatos de género insertados como chips en nuestras mentes a través del sistema educativo. La perspectiva de análisis era la relación de la mujer con su cuerpo, como obligatorio contenedor al completo de su ser y expresión de ella misma. Imposible transmitir el registro intelectual de dónde emanaba aquella reflexión sin acudir a las palabras de su propia autora:

«Defiendo el uso del cuerpo como acto liberador consciente, como antes lo fue represivo. Mucho se ha escrito sobre el papel pasivo de la mujer en su penitencia de hacerse a la manera de su epoca. La mujer ha sido doblemente reprimida, uno por formar parte del sistema, lo que Foucault denomina ‹Cuerpo presa› que disciplina el cuerpo para convertirlo en productor del sistema. Y un segundo dominio aplicado a la cuestion de genero. Pero incluso en su dejarse vencer, ha habido accion en la mujer porque al abrirse al otro y a sus discriminaciones impuestas se abre el cuerpo con todo el alma que conlleva. Por tanto, el cuerpo, terreno de discriminacion clasico, tambien es terreno de resistencia. Y la resistencia es conflicto y el conflicto nos devuelve a lo teatral que es en definitiva, tierra viva». (Laura Rubio Galletero, Revista Internacional de Literaturas & Culturas, 2016, pp. 1-10).

Pero no estamos aquí para hablar «de mí libro», de lo que opino, percibo o siento en relación con Laura Rubio Galletero, sino para hablar «de su libro», de este libro que, lector, tienes hoy entre las manos, y que contiene dos de sus piezas dramáticas: una versión de *La*

entretenida, de Cervantes, y lo que quiero llamar una exploración dramática que, tomando como punto de partida la comedia *Valor,
agravio y mujer* de Ana Caro de Mallén, tran-
sita por la condición femenina y la autoría literaria realizada por mujeres a través de una
reinterpretación casi absoluta de ese segundo
texto. Ambas piezas, difícil posición para su
autora, cargan con la mirada y la voz de dos
grandes literatos que comparten su maestría
literaria con otras características, una de ellas
su gran capacidad para el humor y la crítica
social. Los lingüistas apelarían en seguida a
un calificativo denominador común para ambos, el fenómeno de la intertextualidad.

A propósito de la intertextualidad, en *La
muerte del autor*, Roland Barthes reflexiona sobre la multiplicidad de voces narrativas presentes en un texto literario como herencia del
bagaje cultural que sustenta a su creador y del
que sin pretenderlo hace acopio. Su reflexión
se establece a partir de las conversaciones de
uno de los protagonistas de *Sarrasine*, de Ho-
noré de Balzac.

«¿Quien esta hablando asi? ¿El heroe de la
novela, interesado en ignorar al castrado que
se esconde bajo la mujer? ¿El individuo Balzac, al que la experiencia personal ha provis-
to de una filosofia sobre la mujer? ¿El autor
Balzac, haciendo profesion de ciertas ideas ‹li-
terarias› sobre la feminidad? ¿La sabiduria uni-
versal? ¿La psicologia romantica?» (Roland
Barthes, 1987, pp. 65).

El lúcido Michel Foucault incide en la misma reflexion en *¿Que es un autor?*, partiendo de conceptos para el fundamentales: la relacion de apropiacion de ese autor con sus creaciones, la relacion de atribucion de la persona con lo escrito y la posicion del autor frente a los diferentes tipos de discurso y campos discursivos, siendo la conclusion fundamental de Foucault que la nocion de autor constituye simple y exclusivamente el momento culmen en la individualizacion de la historia de las ideas.

Tomando como premisa la relacion entre el autor y su creacion, cada obra literaria posee un principio que articula su sentido. Los textos son hechos sociales y culturales, cada libro nos habla desde el momento historico y social con el que se relaciona, pero al mismo tiempo los libros forman parte de redes de textos. La intertextualidad, definida por Julia Kristeva en 1.978 a partir de la obra de Mijail Bajtin, se determina como la relacion entre un texto y otro que permite establecer las convergencias o divergencias existentes entre varios textos literarios y tambien posibilita propiciar entre ellos un dialogo que nos descubra las caracteristicas que les son propias de forma exclusiva. Una relacion entre textos es una relacion entre puntos de vista sobre el mundo que se articula en un eje identificacion-distancia y debe entenderse como relacion dialogica a todos los niveles: ideas, momentos sociales, cosmovisiones. ¿Qué relación dialógica articula las dos obras publicadas en este volumen con sus textos originales?

Según Laura Rubio Galletero, su texto *La entretenida*, es una «Humorada comico-lirica de la popularisima *Comedia entretenida* de Cervantes en tres jornadas y una variete». Su intención, según me confesó personalmente, fue realizar una adaptación de la pieza originaria «con bastante intervención en algunas partes» y con la idea de «reivindicar el papel de las mujeres en el mundo».

La comedia *La Entretenida* posee un singular lugar en la producción dramática de Miguel de Cervantes. Según el investigador y erudito francés Jean Canavaggio, fue escrita por su autor poco antes de 1.615, año en el que se publicaron definitivamente las *Ocho comedias y ocho entremeses nuevos nunca representados* y es la única comedia de este autor perteneciente a la categoría de comedia de capa y espada cuyo texto se ha conservado. El propio Cervantes afirmó haber escrito otra pieza de capa y espada titulada *La Confusa* que, según consta en la *Adjunta al Viaje del Parnaso*, «bien puede tener lugar señalado por buena entre las mejores» y a la que su propio autor vuelve a alabar en el texto de *El Viaje del Parnaso*.

Que, a lo largo de más de treinta años de dedicación a la escritura dramática, Cervantes solo compusiera dos comedias de capa y espada, demuestran el escaso interés que su autor poseía por el género. *La Entretenida* ha sido objeto de estudio por parte de numerosos investigadores interesados en el teatro cervantino, que han destacando por encima de otras características el lugar privilegiado que ocupa en ella el humor. Si algo caracteriza al ingenioso hidalgo don Miguel de Cervantes es justamente su sentido del humor, su capacidad para darle la vuelta a la vida como a un guante y parodiar hasta su propia sombra. Un buen ejemplo de ello lo tenemos no solamente en *Don Quijote...*, sino también el *El retablo de las maravillas*.

Los estudiosos de esta obra coinciden en que *La Entretenida* es justamente una parodia de este género, una burla de la comedia de capa y espada establecida como modelo por su archienemigo Lope de Vega, como su don Quijote es una burla de las comedias de caballería. Presenta en su argumento variaciones sobre el habitual tema del equívoco, malentendido o doble juego de personajes. El personaje de Marcela piensa que es amada por su propio hermano, Don Ambrosio destina su pasión a quien no le corresponde en realidad, Cardenio se hace pasar por don Silvestre (rico indiano prometido de Marcela, usurpando su nombre y posición), y la criada Cristina coquetea y encela al mismo tiempo a los también criados Quiñones, Ocaña y Torrente, aunque no ama a ninguno de ellos.

La crítica señala que *La Entretenida* es una exprofesa caricatura de la estructura y características de la denominada *comedia nueva*, una voluntariamente degenerada imitación por parte de Cervantes de las comedias de Lope de Vega, en la que la burla alcanza un

grado tal de exageración que queda converti-
da en parodia.

Uno de los elementos más claros de esa parodia lo encontramos en el texto original de Cervantes entre los versos 832 al 845, cuando el
criado Ocaña, para culminar la segunda jornada, utiliza una peculiar forma de hablar en la
que contráe el lenguaje para que la palabra con
la que finaliza cada verso pierda su última síla-
ba, acentuando sin embargo la anterior para
«marcar» a través de la exageración la termina-
ción del vocablo en una simbiosis entre la chu-
lería, el lenguaje castizo y el desparpajo. Este
forzadísimo empleo del lenguaje, incluso desde el punto de vista de lo chulesco, esconde una
redoblada burla de Cervantes al costreñimien-
to que padece el lenguaje en la estructura de comedia implantada por Lope de Vega ante la obligación de respetar la tiranía de la rima.

Otro de los momentos cúlmenes de la burla de Cervantes se produce al final de *La Entretenida*, cuando saltándose todos los cáno-
nes de la comedia lopesca, la historia finaliza
sin que ninguno de los personajes se case: vv.
1264 a 1271. OCAÑA: Esto en este cuento pasa
/ los unos por no querer, / los otros por no poder, / al fin ninguno se casa. / Desta verdad conocida / pido me den testimonio: / que acaba
sin matrimonio / la comedia Entretenida.

La Entretenida de Cervantes, en la que el
equívoco de la posibilidad de caer en amores
incestuosos es uno de los temas principales,
esconde un juego metateatral (tan del gusto

de Cervantes) tramado cuando Marcela, a instancias de otro personaje, organiza en su casa una dramatización sobre una fiesta preparada por sus criados. Los diálogos de la comedia van tomando el lenguaje propio de una representación teatral. Así es posible reconocer también en *La Entretenida* la doble perspectiva cervantina respecto de la realidad y la ficción, el espectador o lector puede apreciar en la comedia las marcas que remiten al espacio histórico-cultural que sustenta y da significado a la creación literaria.

En su versión de *La Entretenida*, Laura Rubio Galletero recoge el guante que le lanza don Miguel y articula una parodia sobre la parodia de este creando una valiosa pieza, y utiliza la frescura, el desparpajo y el ingenio para lograrlo, dando muestras de su capacidad para trabajar en estos registros. «¿Soy, por ventura, mujer / que se rebaje a un botones? / ¿Me ves con tan pocos dones / y tan bajo proceder?, le dice la criada Cristina a uno de sus pretendientes haciendo alarde de una arrogancia que escapa a toda catalogación. El juego metateatral establecido por Cervantes en la pieza lo respeta ella con diferentes recursos, uno de ellos la aparición en la comedia de una artista de la copla a la que solo escuchamos a través de la radio.

No es el objetivo ideal de un prólogo detallar el argumento de las obras que presenta ni ofrecer puntos de vista por parte del prologuista que puedan contaminar la percepción de los futuros lectores, que podrían sentirse obligados a opinar en sentido coincidente con el prologuista. Es lamentable que muchos prólogos lo hagan. Cuando tengo la ocasión de establecer relaciones pedagógicas, siempre aconsejo a mis alumnos que jamás lean el prólogo antes que la obra que contiene, sino una vez esta ha sido ya leída. No dejarse influenciar por las opiniones del prólogo (cuando son meras opiniones y no material científico) para intentar alcanzar por parte del lector-receptor conclusiones originales y un criterio propio, es de manera generalizada mi consejo. Por lo tanto, y aplicándome mi propia máxima, prefiero que tú, lector, generes tus conclusiones.

Si en su versión de *La Entretenida*, Laura Rubio Galletero trabaja a partir y con el tono del texto, en *Mi agravio mudó mi ser* lo hace con la esencia de la obra originaria, generando una amarga reflexión sobre la condición femenina establecida por un grupo de mujeres (que a su vez hablan por boca de otras mujeres) atrapadas en las fauces del amor y la necesidad de la maternidad. Es el destino de la mujer vivido y expresado como condena. Se dice en una de las performances dramáticas que generó este texto, grabada en un vídeo localizable en Internet: ‹Las mujeres venimos al mundo con una bomba entre las piernas. Podemos hundírnosla dentro o lograr que explote en el otro›[2].

---

[2] La obra se estrenó en el año 2017, en los Teatros Luchana, dirigida por Óscar Miranda.

Mi *agravio mudó mi ser* es definido en el propio título por su autora, Laura Rubio Galletero, como un «Diálogo con las otras a través del tiempo». Lo dedica a «todas las que hablaron por las que callan». El título es, literalmente, un verso de la obra *Valor, agravio y mujer*, de Ana Caro de Mallén, una comedia de enredo y capa y espada escrita al estilo de Lope de Vega en la que su autora recrea las aventuras de la dama doña Leonor de Ribera, que seducida por el galán don Juan de Córdoba y abandonada por él después de haberse entregado, viaja a Flandes (donde este huye a refugiarse) para matarle y vengar la afrenta con sus propias manos. La pieza, en la que una doña Leonor acompañada de su criado Ribete, se viste de hombre para realizar el viaje y camuflar su identidad y se presenta ante los extraños bajo el nombre de don Leonardo Ponce de León, está inspirada en la comedia de Tirso de Molina *Don Gil de las calzas verdes*.

De las veintiuna dramaturgas del siglo de oro conocidas a día de hoy, Ana Caro de Mallén es la que presenta una mayor ruptura de la norma en su discurso respecto a la sociedad de su época. Dentro del panorama de las dramaturgas aureas, ella supone un caso excepcional, estreno en los corrales de comedias de la epoca y cobro por sus estrenos. «Cultivo la poesia en nuestro tiempo y permitio que fueran representadas en publico algunas Comedias, que efectivamente lo fueron con gran exito» (Nicolás Antonio, 1.778). «Insigne poeta que ha hecho muchas comedias represen- tadas en Sevilla, Madrid y otras partes con grandisimo aplauso» (Rodrigo Caro, 1915) Sobre la remuneracion que recibio por su teatro poseemos numerosos papeles de cobro.

Caro de Mallén crea figuras femeninas de gran personalidad, seguridad, audacia y deseo de autorrealizacion. No hay en sus obras esposo, padre o hermano que someta a las mujeres, y cuando estos existen son utilizados para cuestionar unas tiranicas relaciones familiares de las que sus personajes escapan gracias a su atrevimiento e ingenio. Realiza una defensa de la equiparacion de derechos entre sexos (incluso en el ambito sexual) a traves de sus propios personajes, valiendose de sus palabras y sus actos con una naturalidad y falta de prejuicios inaudita en el siglo que le toco vivir. Sus mujeres sirven de instrumento a su discurso, que alcanza la categoria de atentado contra la filosofia y costumbres de su epoca en un insolito ejercicio de progresismo respecto al discurso oficial de la epoca a la que pertenece.

La pieza recrea desde la literalidad varios momentos de la original *Valor, agravio y mujer* gestada por Ana Caro de Mallén, uno de ellos es la escena en la que su protagonista doña Leonor de Ribera (abandonada por don Juan de Córdoba y enterada de que éste se encuentra en Flandes) se encamina hacia aquella ciudad para vengarse de su burlador con sus propias manos en compañía de su criado

Ribete (que en la obra de Laura Rubia Galletero es Ribeta) y que en el texto original de la granadina autora áurea especifica que no viaja con ella en calidad de criado, sino de amigo. Así potencia Rubio Galletero esa relación de amistad y sororidad entre ambos personajes. Otra escena reproducida es el momento en el que Leonor (vestida de varón y camuflada bajo la identidad de un hombre que dice llamarse Leonardo) seduce a la mujer a la que ama su burlador, para humillarle públicamente antes de disponerse a matarle.

Se ensamblan fragmentos de diferentes escenas de la pieza originaria e introduce la voz de otras escritoras del pasado, como la de sor Juana Inés de la Cruz con sus archiconocidos versos de carácter autobiográfico sobre su amor al conocimiento que queda convertido casi en monólogo contemporáneo que ejemplifica de forma acrónica a toda mujer que desencaja en el mundo que le toca vivir. El monólogo de Tisbea descubriendo su burla a manos de don Juan Tenorio es otro momento clave en la pieza, aunque está utilizado en otro sentido.

Mi agravio mudó mi ser no pertenece al género de la comedia, las emociones emergen de ella como ráfagas (con el acierto y la fuerza expresiva que caracteriza a su autora) y salpicando al lector: la desazón por el desamor y el abandono, la angustia, la tristeza ante la certeza de la obligación por parte de la mujer de habitar una vida pasiva y de espera mientras el hombre disfruta de una vida activa y de aventuras, un mandado de reclusión y atadura alrededor del amor y la maternidad también como mandato (esta vez biológico) del que las mujeres difícilmente pueden escapar. La reflexión de los personajes de la obra sobre la maternidad es demoledora, maternidad entendida como cárcel, como tiranía de la que no se puede escapar.

Si estás leyendo esta carta (dicen tantos y tantos personajes de nuestros antiguos dramas) es porque ya no estoy entre vosotros. Lo mismo te digo, lectora o lector, disfruta de las piezas de este libro (ya que si estás leyéndome es porque ahora mismo lo tienes en tus manos) y deja que el talento de Laura Rubio Galletero te hable por sí solo y, como la doña Leonor protagonista de *Valor, agravio y mujer*, ríndete «a las potencias».

Juana Escabias.

LAURA RUBIO GALLETERO

la entretenida

Humorada cómico-lírica de la popularísima
comedia La entretenida de Miguel de Cervantes
escrita en tres jornadas y una varieté.

1928. Hotel Lepanto. San Sebastián.

Esta obra está concebida para un elenco de intérpretes que doblan personaje, favoreciendo así los recursos de comedia clásica y el disfraz que oculta apariencia, género y clase.

MARCELA es Cardenio, QUIÑONES es Ambrosio, MUÑOZ es don Pedro, OCAÑA es Silvestre. CRISTINA nunca debe ser doblada.

En distintos momentos del texto se menciona la presencia de un/una pianista en directo. Se ha llevado a cabo la versión contando con música en directo que versione melodías de la época (cuplé, foxtrot, tango…) y que musicalice las canciones de los personajes.

La radio suena todo el tiempo como el gran personaje ausente, en especial la voz de Marcela Osorio como estrella principal.

La acción transcurre en los espacios públicos del hotel como el lobby o el ascensor y los espacios privados de las damas como la capilla, el dormitorio de MARCELA y cuarto de limpieza de CRISTINA.

Dramatis

OCAÑA	cochero del hotel.
CRISTINA	doncella de hotel.
DON ANTONIO	dueño del hotel.
DOÑA MARCELA	su hermana.
CARDENIO	señorito estudiante.
TORRENTE	amigo pobre del estudiante.
MUÑOZ	conserje del hotel y mayordomo de la familia de Marcela.
DON AMBROSIO	militar.
QUIÑONES	botones.
DON PEDRO	agente de Marcela Osorio.
DON SILVESTRE DE ARAMENDIA	primo de Antonio y Marcela. Indiano de Guinea ecuatorial.
MARCELA OSORIO	vedette. Solo la escuchamos a través de la radio.

Jornada Primera
I.
Lobby del hotel.

> *Salen* OCAÑA, *cochero, con un barreño en la mano y* CRISTINA, *camarera de piso.*

OCAÑA   Señora Cristina, dame.

CRISTINA   ¿Qué te doy, señor Ocaña?

OCAÑA   Algo dulce. Siendo huraña,
               me haces parecer infame.

CRISTINA   ¿Querría el señor, anduviese
               en la verbena contigo?

OCAÑA   Como dos buenos amigos
               con parejos intereses.

CRISTINA   Siempre la melancolía
               fue de la muerte parienta,
               la vida mejor nos sienta
               hablando de tonterías.

OCAÑA   Sé yo, Cristina, con quién
               te burlas, y no es conmigo.

CRISTINA   ¿Sabe, Ocaña, qué le digo?

OCAÑA   ¿Qué dirás que me esté bien?

CRISTINA   Te digo que no malicies
con tan dañados intentos.

OCAÑA   Pues a fe que en estos cuentos
ando por la superficie;
que, si llegase hasta el centro,
¡Oh, qué diría de cosas!

CRISTINA   Muchas, pero maliciosas.

OCAÑA   Me salen mil al encuentro
del corazón a la lengua.

CRISTINA   No te pienso escuchar más.

OCAÑA   Chtsss, Cristina; ¿dónde vas?

CRISTINA   El que te escucha se mengua,
y le enfadan tus ruindades
y tus modos de decir.

OCAÑA   El que está para morir,
siempre suele hablar verdades.
Yo estoy muriendo, y confieso
que quieres bien a Quiñones.

CRISTINA   De tus malas intenciones
ahora se te ve el exceso;
ahora se permite ver
que eres un simple coche...

OCAÑA   Bueno;
pronuncia de lleno en lleno,
aunque el «ro» no es menester;
que el ser coche-ro no ignoro,
sin rodeos y sin cifras.
Y mal tu venganza cifras
en no guardar el decoro,
debes de ser la «doncella»
de las más lindas que vi,
y no solo para mí,
Quiñones cree que eres bella.

CRISTINA   ¿Soy, por ventura, mujer
que se rebaje a un botones?
¿Me ves con tan pocos dones
y tan bajo proceder?
Mi valía ¿la he de mostrar?

OCAÑA   Con todo, te has de quedar,
Cristina...

CRISTINA   ¿A qué?

OCAÑA   Ten buen día,
que andas muy solicitada.
La mujer ha de ser buena,
y parecerlo, que es más.

CRISTINA   Gran predicador estás;
mas tu doctrina condena
a tus lascivos intentos.

OCAÑA   Levántales testimonio:
que al blanco del matrimonio
asestan mis pensamientos.

CRISTINA   A mucho te has atrevido.
Muestra; va aquí la colada.

(Le da el barreño. Se va CRISTINA.*)*

OCAÑA   Toma el barreño, agraviada,
de este que de ti lo ha sido.
¡Botones, sois los halcones
de las doncellas de hotel,
de sus sueldos coronel,
de sus recursos hurones!
¡Qué presto Cristina vuelve
con más colada y Quiñones!
¡Corazón, triste te pones!
¡La sangre se me revuelve
en ver a estos dos tan juntos,
tan amorosos y afables!

(Sale CRISTINA *con más colada, y detrás* QUI-
ÑONES, *el botones.)*

CRISTINA   No le mires ni le hables.
Si hablas de nuestro asunto
y te descubre celoso
hará mil burlas de ti.

QUIÑONES   Aunque mozo, nunca fui,
ni soy, ni seré medroso.

CRISTINA   Advierte que está delante.
             Tome, galán, la colada.

OCAÑA   ¿Escurrida?

CRISTINA   Y bien lavada.

OCAÑA   ¿La lavó el señor galante?

CRISTINA   No la lavó sino el diablo,
             que tu mala lengua espeta.

OCAÑA   Me voy solo a mi caseta
             por no ver este retablo
             de las dos figuras juntas
             que no se apartan jamás.

QUIÑONES   En tales malicias das,
             que con una mil apuntas;
             y que te engañas sé yo.

OCAÑA   Y también sé yo muy bien
             que a los dos estará bien
             el callar.

CRISTINA   Yo sé que no,
             porque quien calla concede
             con el mal que de él se dice.

OCAÑA   Ninguno te dije o hice.

QUIÑONES   Ni él decir o hacerle puede.

OCAÑA   Por vida tuya, Quiñones
             baja el tono; que en conciencia,
             hay muy poca diferencia
             entre cochero y botones.

             (*Se va* OCAÑA.)

CRISTINA   ¡Y que tú no tengas brío
             para responderle! Creo
             que sobran tus galanteos
             y me vuelvo a lo que es mío.

QUIÑONES   ¿Qué tengo que responder?
             ¿Saco puños, nos los saco?
             Y más, que es mengua si ataco
             a...

CRISTINA   ¡Quiñones, a placer:
             que es Ocaña hombre de bien,
             y peso pluma además!

II.

Salen DON ANTONIO *y su hermana* MARCELA.

D. ANTONIO   ¡Qué cargante, hermana, estás!
                  Quiero, no te diré a quién.
                  Tengo ausente mi alegría,
                  sin saber en dónde yace,
                  de su resistencia nace
                  toda mi melancolía.

QUIÑONES   Aún no han echado de ver
                  que estamos aquí nosotros.

D. ANTONIO   Dejadnos aquí, vosotros.

CRISTINA   Entra aquí el obedecer.

                  (*Se van* QUIÑONES *y* CRISTINA.)

DÑA. MARCELA ¿Siquiera no me dirás
                  el nombre de esa, tu dama?

D. ANTONIO   Como te llamas, se llama.

DÑA. MARCELA   ¿Como yo?

D. Antonio   Y aún diré más:
              a ti se parece mucho.

Dña. Marcela (*Aparte*)
              ¡Válgame Dios! ¿Qué es esto?
              ¿Si es amor este de incesto?
              Con varias sospechas lucho.
              (A Don Antonio.)
              ¿Es hermosa?

D. Antonio   Igual que tú
              y austero, Marcela, he sido.

Dña. Marcela (*Aparte.*)
              El seso tiene perdido
              por vicio perdió salud.

              (*Sale* Muñoz, *el conserje.*)

Muñoz   ¿Andan revueltas las olas
              del mar de tu pensamiento?

D. Antonio   Me están causando tormento;
              dejadnos, Marcela, a solas;
              retiraos, hermana mía.

Dña. Marcela Espero que te mejores.

              (*Se va* Marcela.)

D. Antonio   ¿Traéis desdichas que llore,
              o ya venturas que ría?

MUÑOZ   Las diligencias que he hecho
           rozan con las imposibles;
           lances ha habido invisibles,
           y espías de trecho a trecho.
           Solamente imagino
           que una noche la llamó
           y con él se la llevó;
           pero a dónde, no lo atino.
           Si en vez de Marcela fuera
           alguna joya perdida,
           yo buscara otra salida,
           que alivio le permitiera.

D. ANTONIO ¿Busco yo a Marcela acaso
           sino para ser mi esposa?
           ¿De ella quiero otra cosa?

MUÑOZ   Vaya, señor, paso a paso
           como en toda buena lucha.

D. ANTONIO Cierto, Muñoz, y advierte
           que en ti fío vida y muerte
           a tu discreción, que es mucha.

III.

Se van Don Antonio y Muñoz. Entra Cardenio, vestido de estudiante, y tras él Torrente, buscavidas, comiendo una manzana.

CARDENIO   Vuela mi estrecha y débil esperanza
con flacas alas, y, aunque sube el vuelo
a la alta cumbre del hermoso cielo,
jamás el punto que pretende alcanza.
Yo vengo a ser perfecta semejanza
de aquel mancebo que de Creta el suelo
dejó y, contrario de su padre al celo,
a la región del cielo se abalanza.
Caerán mis atrevidos pensamientos,
del amoroso incendio derretidos,
en el mar del temor turbado y frío;
pero no llevarán cursos violentos,
del tiempo y de la muerte prevenidos,
al lugar del olvido el nombre mío.
(Mirando a Torrente que muerde la manzana sin prestarle atención.)
¿Comes? Buen provecho te haga;
la misma hambre te tome.

TORRENTE   No puede decir que come
el que masca y no lo traga.

Las acciones naturales
son forzosas, y el comer,
una de ellas viene a ser,
y de las más principales;
y esto aquí de cajón viene,
y es una advertencia llana:
come el rico cuando hay gana,
y el pobre, cuando lo tiene.

CARDENIO   Dame, por favor, el gusto
de que en el hotel no comas.

TORRENTE   Si estas niñerías tomas
por deshonra o por disgusto,
yo me aturaré la boca
con cal y arena a cañón.

CARDENIO   Sé que tienes discreción.

TORRENTE   ¡Y voracidad no poca!

CARDENIO   Sabes lo que nunca supo
el diablo.

TORRENTE   Y aún soy peor.

CARDENIO   ¿Vuelves a comer, traidor?

TORRENTE   Ya no como, sino chupo.
(*Entra* MUÑOZ, *el conserje.*)
Mira por dónde aparece
tu san Antonio.

CARDENIO   Verdad,
ya que mi necesidad
nunca mengua y siempre crece,
en estas cansadas manos
tengo mi remedio puesto.

MUÑOZ   Ya veréis cómo echo el resto
en daros consejos sanos.
En la mucha edad se muestra
que asiste toda advertencia
porque tiene a la experiencia
por consejera y maestra;
o estos surcos no han nacido
en mi rostro del trabajo.

CARDENIO   Hablad, señor Muñoz, bajo,
que os tengo conocido,
y sé que sabéis cortar,
colgado del aire, un pelo.

MUÑOZ   Así me ayude a mí el cielo
como os pienso de ayudar;
porque es el premio el que aviva
al más denodado atleta.

(CARDENIO *le da unas monedas.*)

CARDENIO   Si el premio son dos pesetas,
vuestra vejez las reciba
con aquella voluntad
sana con que las ofrezco.

MUÑOZ	¡Oh señor, que no merezco tanta liberalidad!
TORRENTE	Tomó, besó y les dio quizá perpetua clausura forzando su valía pura de la que se enamoró, el metal tiene virtud de alegrar el corazón, y la avara condición vive con la senectud. Pero ¿a qué pecho no doma el hambre de oro?
MUÑOZ	Escucha, y con advertencia mucha, hijo, este consejo toma. De Marcela no hay pensar que es de tan tiernos aceros, que la han de ablandar terceros, ni insistir, ni rogar.
CARDENIO	No me acobardes y espantes.
TORRENTE	¡Oh, cuántos de estos diamantes eran menos que quimeras! ¡Cuántas he visto rendidas a un billete mal doblado! ¡Cuántas de ellas han dado de ganadas en perdidas!
MUÑOZ	Pues ni Marcela tropieza ni cae.

Torrente	¡Gran milagro!
Cardenio	Calla; que es excepción que se halla hoy en la naturaleza, y el señor Muñoz bien sabe lo que dice.
Muñoz	Yo estoy cierto aunque también os advierto, todo en mi señora cabe. Pero vengamos al punto de lo que quiero decir.
Cardenio	Hasta acabarle de oír, estoy, Torrente, difunto.
Muñoz	El caso es que está en Guinea un hermano de su padre tan rico que el «Gran Dorado» determinaron llamarle. Tiene un hijo bautizado: don Silvestre de Aramendia el cual con doña Marcela, aunque prima, ha de casarse. Cada flota le esperamos; y en esta, aún no lo saben, tampoco ha llegado a puerto desde Guinea su nave. Fíngete tú don Silvestre, que yo te daré bastantes descripciones con que muestres

ser él mismo; y serán tales,
que, por más que te pregunten,
podrás responder con arte,
que, acreditando el engaño,
tus mentiras sean verdades.
Te meterán en su casa,
te harán agasajos grandes,
y tú dentro, una por una,
podrás ver cómo te vales.

CARDENIO   Está bien; pero si acaso
con la nueva flota traen
cartas de ese don Silvestre,
y de que no viene saben
estando dentro, ¿qué haré?

MUÑOZ   Dirás que, después de escritas
y dadas, quiso tu madre
que te vinieses a España,
aunque a hurto de tu padre;
que ella, deseando verse
con nietos en quien dilate
su nombre y posteridad,
no quiso que más tardases.
Y este venirte a escondidas
podrá, señor, excusarte
de no venir con riquezas
que el ser quien eres señalen;
mas no dejes de traer
cien onzas de chocolate,
buenas tallas de madera,
y papagayos que hablen.

CARDENIO	En eso yo daré trazas que de ese aprieto me saquen, y dones, que satisfagan.
TORRENTE	¡Tramamos un disparate!
CARDENIO	La estrategia deja escrita, como cimiento importante para este nuevo edificio. Los puntos fundamentales, vengan especificados, de modo que me declaren al punto por don Silvestre.
MUÑOZ	Ven por ellos esta tarde.
CARDENIO	Volverá mi buen amigo.
TORRENTE	Solo si al destino place; que, sin su ayuda, no puedo, ni estornudar, ni mudarme.
MUÑOZ	Señor, si acaso, si a dicha, si por buena suerte traes otra peseta, bien puedes con liberal mano darme: ya refresca y voy sin paño, no es justo que frío pase quien por el incendio tuyo se esfuerza en propagarle.
CARDENIO	No lo traigo en mi cartera; mas encargaré que os tracen

un buen abrigo de paño,
que a mi cuenta te haga el sastre.

MUÑOZ Lo gozaré ¡Bien merezco!
que sudo gotas de sangre
en caprichos de señores.
¡Ahí os quedáis!

CARDENIO ¡Dios os guarde!

MUÑOZ Compadre, mejor me guarde
un buen abrigo de sastre:
que en esta prenda coinciden
mis gustos... o tus pesares.

(Se va MUÑOZ.*)*

CARDENIO ¡Gran principio a mi quimera!

TORRENTE Llámala, mejor, dislate;
torre fundada en palillos,
como casita de naipes.
¿Dónde saldrán las maderas?
¿Y de dónde el chocolate?
¿Adónde las cacatúas?
¿Dónde el paño con sastre?
Si quieres que tus negocios
en feliz final acaben,
lleva, y esto te aconsejo,
verdad siempre por delante.

CARDENIO Yo me remito a la lista
de Muñoz; tú no desmayes,

que en las empresas de amor,
siempre se ha visto que vale
el ingenio y la ventura
más que las riquezas grandes.

TORRENTE   De tal enredo Fortuna
por las narices nos saque.

IV.

Se van. Salen MARCELA *y* CRISTINA.

CRISTINA   Dime, señora: ¿qué muestra
te ha dado tu hermano tal,
que sea indicio y señal
de alguna intención siniestra?

MARCELA   Yo no consigo entender
que me ame viciosamente,
aunque es un caso evidente.

CRISTINA   ¡Y cómo, si puede ser!

MARCELA   De continuo trae en la boca
mi nombre, a hurto me mira,
gime a solas y suspira,
a veces me besa y toca;
y pone por disculpa esto:
que me parezco a su dama,
que con mi nombre se llama.

CRISTINA   Señora, calmaos presto.
¿No podrá ser que su dama
se llame, señora, así,
y que se parezca a ti,
si de hermosa tiene fama?

MARCELA   Sus palabras y sus roces
me tienen muy exaltada.

CRISTINA   (*Aparte.*)
Más quisiera ser amada,
si solo le pegan coces…

(*Sale* DON ANTONIO, *hermano de* MARCELA.)

MARCELA   Mira, ahí viene suspenso,
tanto, que no puede ver
dónde estamos. Debe ser
que está perturbado, pienso.
Escuchémosle, y advierte
cómo de Marcela trata.

(*Se esconden. La radio suena de fondo. Canta* MARCELA OSORIO, *cupletista.*)

D. ANTONIO   Tu resistencia me mata;
no el desdén, siendo tan fuerte.
¿Por qué lo evitas? ¿Qué evento
inevitable te encierra?
¿Tu paz no teme mi guerra
sabiendo ya lo que siento?
¡Te escucho siempre delante,
y no te puedo alcanzar!

MARCELA   Para temer y pensar,
¿Esto no es causa bastante?
Sí, por cierto. Nunca quedes
sola, si fuere posible.
De que aspire a lo imposible,

jamás ocasión le des;
Vayámonos, no nos vea
y aumente sus apetitos.
No los convierta en delito.

CRISTINA   (*Aparte*)
Que más quisieras tú, fea.

V.

Se van MARCELA y CRISTINA.

D. ANTONIO   Marcela ¡Qué difícil me lo pones!
Lograré hallar el cómo
conquistarte a mi modo.
Poseo amor, privanza y buena hacienda
posees tú un buen par de grandes… ojos.
¿Me da fuego? Dijo ella y fascinado,
le ofrecí la llama de mis pasiones
con la que prendió nuestro club privado.
Al instante se esfumó como el humo
y en mi corazón se avivó el enojo.
(Sale OCAÑA*, y escucha atento a su jefe.)*
¿Qué quieres, Ocaña?

OCAÑA   Quiero
cambiar las ruedas, señor,
y no encuentro al acreedor
que me fíe más dinero.
Se deben cuatro averías
y cien litros; mira, pues,
si no pido lo que es,
lo mismo todos los días.
Y vengo por seis jornales
pendientes: que me amohína
ver que lo cobra Cristina

> y lo aprovecha Quiñones,
> mientras falta para mí,
> que sirvo mejor que todos,
> de mil diferentes modos.

D. ANTONIO   Confieso que ello es así,
> Ocaña amigo, y sabed
> bien: todo se os pagará.
> ¡Andad con dios!

OCAÑA   Siempre está
> de acuerdo vuestra merced
> pero no suelta un centavo.

D. ANTONIO   ¿Por qué dices?

OCAÑA   ¿Yo no veo
> que, cual si fuera guineo,
> bezudo y bozal esclavo,
> apenas llego a la puerta
> por alguna niñería,
> uno u otro jefe me envía,
> para cualquier causa abierta?
> Anda conmigo al revés
> fortuna poco discreta:
> que, si tú fueras poeta,
> quizá fuera yo marqués,
> o, por lo menos, ya fuera,
> tu consejero y privado;
> pero de mi corto hado
> tan grande bien no se espera.
> Porque yo nací, sin duda,
> solo para ser obrero

la vida me hizo cochero
y mi suerte no se muda.
Cochero soy, es bastante;
un cochero tan discreto,
que con título prometo
ser un marqués elegante.

D. ANTONIO ¡Detente! Me habéis hablado
de modo que me obligáis
a que de humilde subáis
a más eminente estado,
siendo el primer escalón
servirme de consejero;
y así, amigo Ocaña, quiero
mostraros mi corazón.

OCAÑA Dime tu mal, mi señor,
y verás que en un ratito
tantos consejos emito,
que sanas con el menor.
Y si, por ventura, es
amor lo que te atormenta,
ve haciéndote la cuenta
de que ya sano te ves,
aún no ha nacido dios
que venga a tomarme el pelo.

D. ANTONIO Que no estás en ti recelo.

OCAÑA Pienso por nosotros dos.
No habrá mujer que rechace
un equipo tan galante.

Yo detrás y tú delante.
¡El galán no nace, se hace!

D. Antonio   Ocaña, ya desvarías.
¡Ahora mismo, a trabajar!

(*Se va* Don Antonio.)

Ocaña   Me pareció que el soñar
no iba a quedar en teorías.
Cristina ha salido ahora
a comprar; detrás me lleva
aquella fuerza que eleva,
y dentro del alma mora.
La busco como en un cuento,
y, si la encontrase yo,
nunca príncipe soñó
tan rico y gustoso encuentro.

(*Se va* Ocaña.)

VI.

Salen DON AMBROSIO, *militar,* y CRISTINA, *con una nota en la mano que esconde.*

CRISTINA   Señor, pondré de mi parte
en cuanto la tenga a tiro;
mientras siga en su retiro
más no podré contentarte.

D. AMBROSIO   Haz, amiga, que me lea:
que en el mensaje consiste
la alegría de este triste.

CRISTINA   Digo que cuando la vea.

D. AMBROSIO   ¿Regálala, por ventura,
don Antonio?

CRISTINA   Como a hermana.

D. AMBROSIO   De ser su intención tan sana,
no sé yo quién lo asegura.
La táctica que emplearé
cuando sepa de sus planes
e investigue sus desmanes
por mi bien la ocultaré.

CRISTINA   Vete, señor, que allí asoma
              nuestro botones.

D. AMBROSIO   Amiga,
              por tu industria y tu fatiga,
              este pobre premio toma.
              Aguarda mejores días.

CRISTINA   Sueña con ello, bien puedes.
              Te agradezco las mercedes.

D. AMBROSIO   Sean más las alegrías.

              (*Le da una caja de bombones. Se va* DON AM-
              BROSIO. *Entra* QUIÑONES, *furioso, y la arrin-*
              cona en el ascensor.)

QUIÑONES   ¿Quién es, Cristina, el soldado
              que con tanta sumisión
              te vendió su corazón?
              «Tuyo soy, y a ti soy dado.»
              ¡Vive el Dador de los cielos,
              que es la fregona bonita!
              Ordena, manda, pon, quita;
              ta, ta, también pide celos.

CRISTINA   ¡Que el botones cambie el tono!
              Primero, mejor se calme
              las letras mejor empalme
              en mi honor, y no en mi abono.
              ¿Se nos ha vuelto otro Ocaña?
              ¡Celos y más celos!

QUIÑONES   (*Zarandeándola con fuerza.*)
No hables,
o irás de vuelta a la calle.

CRISTINA   ¡Ay! Por mi fe, que se ensaña
el jovencito cabrón.

QUIÑONES   Cristina, menos gallarda;
que esa gallardía aguarda...

CRISTINA   ¿Qué, mi bestia?

QUIÑONES   Un bofetón.

CRISTINA   ¿En mi cara?

QUIÑONES   En la del cura
le diera, a venir a mano.

CRISTINA   ¿Y qué, alzarás la mano
contra tanta hermosura
como pusieron los cielos
en mis mejillas rosadas?

QUIÑONES   Siempre son desatinadas
las venganzas de los celos.
Ocaña viene. Camina,
y escóndete entre la gente.

VII.

Se va CRISTINA *a empujones seguida de* QUI-
ÑONES. *Sale* OCAÑA.

OCAÑA   Partió mi sol de su oriente,
y al ocaso se encamina.
Tras de sí lleva a ese idiota
que le sirve de perrito.
Ella le verá bonito
con esa cara de sota.
¡Al diablo vayas, botones,
con tus trajes y ñoñez!
Espejo de estupidez
y de tu escasez de dones.

(*Se va* OCAÑA.)

VIII.

Muñoz en su mostrador, cantando con música de tango.

MUÑOZ   Si supieras que mi dolor de espalda
         vino del trabajo y no de la *chaiselonge*…
         Quién sabe si vos supieras
         que el crujir de mi cadera
         suena a diez horas de pie
         y a sonrisa de escayola
         a: –Buenos días, permita, hola
         como guste, señor, mi amo–
         y si me traga la tierra,
         ni cuenta se iba a dar.
         Viejo soy ya y antes vi
         bombas puestas a los reyes,
         bombas a los presidentes,
         y heridos volver del frente
         aunque regresen cantando,
         vi pocos trozos de pan
         que jamás llegaron blandos.
         ¿Aquello no fue una guerra?
         Ahora bailo con Marcela
         esta comparsa de amor
         una hermosa, la otra fea
         en este tango de a dos
         donde ni un compás se menea.

Espero no sobrar yo
ni falte a mi abrigo tela
mirá, que el frío no es sano…

IX.

Entran D<small>ON</small> A<small>NTONIO</small> *y* T<small>ORRENTE</small>, *vestido de «pobre» e interrumpen a* M<small>UÑOZ</small>.

D. A<small>NTONIO</small>   Mucho más es remilgo que prudencia,
porque en mí poca confianza has tenido
siendo quien soy. Me dejas confundido.

M<small>UÑOZ</small>   (*Aparte.*)
¡Válgate el diablo! ¿Qué disfraz es este?
No lo apunté en la lista.

T<small>ORRENTE</small>   Digo
que el señor don Silvestre de Aramendia
no pudo más. El caso fue forzoso,
y la borrasca tal, que nos convino
aliviar el navío, y echar cuanto
en su anchísimo vientre recogía
al mar, que se bebió como un sorbete
catorce mil medidas de cacao.
En fin: salimos mondos y desnudos
a tierra, ni sé adónde, ni sé cómo,
habiéndose engullido el mar primero
hasta una cacatúa que trajimos,
de habilidad tan rara, y tan perfecta,
que, menos el hablar, no le faltaba
otra cosa ninguna.

D. Antonio   Bien, por cierto,
me la habéis vendido; aunque yo pienso
que las cacatúas mudas valen poco.

Torrente   Por señas nos decía todo cuanto
quería que entendiésemos.

Muñoz   ¡Milagro!

Torrente   Tabaco ¡Qué de cajas arrojamos;
habanos como troncos y buen tono,
de capa rojiza, secos al sol,
por diestras manos liados en Cuba.
Caña de azúcar, también, varios sacos.

Muñoz   Entre esas zarandajas ¿Por ventura
fue mi abrigo al mar?

Torrente   ¡Y el sastre y todo!

Muñoz   Con malísimo viento va este embrollo;
no cuadra ni convence esta tormenta,
temo se desenmascare el embuste.

D. Antonio   ¿En qué paraje sucedió el naufragio?

Torrente   Estaba yo durmiendo en aquel trance,
y no pude conocer el paisaje.

D. Antonio   Paraje dije; pero no me espanto,
que aun hasta aquí os perturbe la borrasca,

ni que en su centro os durmieseis; que el
[miedo
tal vez suele causar sueño profundo.

TORRENTE   No quiso mi señor, por su recato,
pedir dineros que nos evitasen
vivir de limosnas en este viaje.
Nos colamos en un humilde patio
y tomamos prestados estos trajes.

MUÑOZ   Fíjate en Satanás… ¡Qué bien lo enredas!

D. ANTONIO   Vamos, que yo pondré remedio en todo.

TORRENTE   No hay que decir, señor, que yo te he visto,
porque me ha de matar si es que tal sabe.
¡Oh pecador de mí! ¡Este es que viene!
¡En la red me ha cogido! Negativa,
señor, si no… ¡Muero!

D. ANTONIO   No tengas miedo.
(*Sale* CARDENIO *disfrazado de campesino.*)
Mi señor don Silvestre de Aramendia,
¿para qué es encubriros de quien tiene
tantas obligaciones de serviros?

CARDENIO   ¡Oh traidor, malnacido! Por dios vivo,
que os engaña, señor, este embustero:
que yo no soy ese tal don Silvestre
que dices de Aramendia, sino un pobre
campesino sin dinero.

TORRENTE   ¿Qué miras?
            Yo no le he dicho nada; y si lo he dicho,
            digo que miento una y cien mil veces.
            (*Aparte a* DON ANTONIO.)
            ¡Vive dios!, que es el mismo que te digo.
            Apriétale, y conjúrale, y confiese.

D. ANTONIO ¡Por dios, primo y señor, que es caso fuerte
            negarme esta verdad! ¿Qué importa vengas
            rico o pobre a tu casa, que es la mía?

TORRENTE   ¡Eso es lo que yo digo, sepa el mundo!

D. ANTONIO ¿Mandabas tú a los vientos, o pudiste
            del mar las altas olas
            sosegar algún tanto? ¿No es locura
            creer que un hombre controla su fortuna?

TORRENTE   ¡Señor, es don Silvestre de Aramendia,
            vuestro primo en ropa de campesino,
            y mi jefe además!

CARDENIO   Pues tú lo dices,
            no quiero más negarlo, pues no importa.
            Tomad mi mano.

D. ANTONIO ¡Mejor un abrazo!

CARDENIO   (*A* TORRENTE.)
            Te quebraré los sesos si te agarro.

TORRENTE   Que no temo amenazas mal nacidas,
            porque esto es lo que atañe a nuestro hecho.

MUÑOZ   Temo el apaño y no veré el paño.

D. ANTONIO   Perded miedo alguno a que os arranque
ni un pelo del cráneo por lo que dicho.

TORRENTE   Mi señor es discreto, y verá presto
cuán poco importante es nuestro silencio
en semejante caso.

D. ANTONIO   Señor primo,
quedaos en casa, y conozca mi hermana
vuestra venida, por ella deseada.

CARDENIO   Siempre he de obedecer.

MUÑOZ   ¡Qué bien pensada
quimera! Si logra el éxito, espero
un armario de abrigos y dinero.

D. ANTONIO   ¿Qué os parece, Muñoz?

MUÑOZ   Que me parece
que es verdad cuanto ha dicho, y que lo veo.

TORRENTE   ¡Y cómo que es verdad! Sin que le falte
un átomo, una tilde, una miaja.

(*Se van* DON ANTONIO, CARDENIO y TORRENTE.)

X.

MUÑOZ   Pericia tienen estos picarones
vendiendo con detalle su borrasca
aunque sean sus ropajes artificio.
Ahora bien: veremos lo que pasa,
que, uno a uno, entraron por fin en casa.

Fin de la Primera Jornada.

Jornada Segunda
I.
En la capilla.

MARCELA y CRISTINA *rezando.*

MARCELA   Andas con vergüenza poca,
Cristina, muy inquieta,
y, con rezos de discreta,
oras palabras de loca.
Sabed, señora, una cosa:
que, entre las prendas de honor,
es tenida por mejor
la honesta que la hermosa.

CRISTINA   *(Aparte.)*
«Señora» me llama ¡Malo!
que ya sé por experiencia
que no hay dos dedos de ausencia
de esta cortesía a un palo.

MARCELA   ¿Qué murmuras, desatada,
maliciosa y atrevida?

CRISTINA   Nunca murmuré en mi vida.

MARCELA   ¿Qué dices?

CRISTINA   No digo nada…
(Aparte, mientras reza.)
¡Tristes de las mozas
a quien puso el cielo
en casas ajenas
al servir a dueños,
que, entre mil, no sacas
siquiera uno bueno,
que todos son torpes
y la mayoría feos!
¿Pues qué, si la joven
despierta los celos
del ama, y piensa
que la está mintiendo?
La tierna doncella,
con silencio y miedo,
pasa sus desdichas,
malgasta requiebros,
porque jamás llega
a ningún buen puerto
su cargada nave
de vanos empleos.
Pero, aunque falten
estos malos gestos,
sobran los del ama,
que siempre son cuento:
—Ven acá, guarrona.
Plánchame el pañuelo.
Cógeme los bajos.
Rízame el cabello.
Buen salario ganas;
de él cobrarme pienso
para que espabiles

que te falta seso.
Vas, y nunca vuelves,
y sales de bureo
con Sancho a la calle,
con Mingo y con Pedro.
Eres, en fin, pu...
El «ta» me lo pienso,
porque de cristiana
sabes que alardeo–
¡Pobre de la moza
que empujó el aprieto
a casas ajenas!

MARCELA   Señora, ¿qué es esto?
Por qué tus plegarias
has alzado al cielo?

CRISTINA   A mi dios le ruego
salir de este infierno.

MARCELA   ¿Tan mal yo te trato?
¿Te pierdo el respeto?
¿Contigo soy dura?

CRISTINA   Sois como las otras.
La mejor señora
sabe usar el miedo
con las más humildes,
el dinero es vuestro
y también la ley.

(*Se asoma* QUIÑONES, *el botones.*)

QUIÑONES   Permiso, manda el señor,
que vayan a conocerles.

II.

Salen DON ANTONIO, CARDENIO, TORRENTE *y*
MUÑOZ *al vestíbulo.* MARCELA *desde su capilla.*

MARCELA   Di que accederé a verles
              si rebaja su rigor.
              Di que me tiene ocupada
              un asunto relevante.
              Di que me esfuerzo bastante
              Y que me siento agotada.

QUIÑONES   ¿Pero bajaréis o no?

MARCELA   Iré y me recostaré
              en la pieza vecina, ve.

QUIÑONES   Se lo diré al señor.

              (MARCELA *se va con* CRISTINA.)

MARCELA   ¿Ves? Hay que hacerse valer
              Incluso con tu marido.
              ¿Cómo me queda el vestido?
              ¿A qué estoy de muy buen ver?

III.

QUIÑONES, *llegando al vestíbulo donde están los señores.*

QUIÑONES La señora está cansada.

D. ANTONIO Ya está con sus pantomimas…

CARDENIO ¿No quiere verme mi prima?

QUIÑONES Os recibirá tumbada.

D. ANTONIO ¿Se ha pensado una odalisca?
Señor primo, que mi hermana
que es tan cortés como sana
a veces se hace la arisca.

CRISTINA Mi señora está esperando.

D. ANTONIO Como siga con la guasa
a este ritmo no se casa.

CARDENIO Prima ¿Me estás escuchando?

(*Habla* MARCELA *en la pieza contigua.*)

MARCELA   Así es; y pues vos, primo,
con honra y vida venís,
mal haréis si mal sentís
del mal que por bien yo estimo.

(Desde fuera OCAÑA, *aproximándose sin que lo vean.)*

OCAÑA   Desde aquí quiero mirarte,
si es que te dejas mirar,
de mi suerte amargo azar,
de mi bien el todo y parte.
Apartado en un rincón,
como cochero sin suerte,
veré quizá de mi muerte
alguna resurrección.

*(*CARDENIO *se acerca a* MARCELA *sin entrar.)*

CARDENIO   Hoy mejora mi riqueza,
pues con nueva vida y ser,
humilde te pido ver
la imagen de tu belleza.

MARCELA   Señor, para que me muestre
con el respeto debido
a quien sois, el nombre os pido.

CARDENIO   Vuestro primo don Silvestre
de Aramendia; vuestro esposo,
o el que lo tiene de ser.

(Suena una campanita o sonido para indicar-nos que Marcela *llama a* Cristina *para que pueda entrar y salir con el mensaje.)*

Cristina   Mudará su proceder
            por un huésped tan famoso.

*(*Torrente *intenta seducir a* Cristina.*)*

Torrente   ¿Doncella eres de la casa?

Cristina   No soy sino de la calle.

Torrente   Eso no; que tienes talle
            que en kilos de oro se tasa.
            ¿Sirve en ella?

Cristina   Soy servida.

Torrente   La respuesta ha sido aguda.

Ocaña   Ten, pulcra, la lengua muda
            no la utilices, perdida.

(Campana de Marcela *interrumpiendo a* Cris-tina *que entra y sale.)*

Cristina   *(A* Cardenio.*)*
            Entrad, señor, así podéis
            conoceros frente a frente.

Cardenio   Mi respeto no consiente
            que tal premio me otorguéis.

D. Antonio   *(Empujándole dentro.)*
              Reposaréis, primo mío,
              y después saber querría
              del buen estar de mi tía,
              de vuestro padre y mi tío.

              (Entra Cardenio *a visitar a* Marcela.*)*

Torrente   ¿El nombre?

Cristina   Cristina.

Torrente   Bueno,
              Tan sencillo como hermoso.
              ¿Reposas?

Cristina   Yo no reposo
              jamás con indiano ajeno.

Torrente   Pluguiera a dios que nunca aquí viniera;
              o, ya que vine aquí, que nunca amara;
              o, ya que amé, que amor se me mostrara,
              de acero no, sino de blanda cera...

Ocaña   ¡Oh campesino traidor,
              cómo la miras! ¡Oh falsa,
              cómo le vas dando salsa
              al gusto con tu sabor!

Torrente   ...O si al fin esta doncella guerrera,
              y los dos soles de su hermosa cara,
              no tan agudas flechas me arrojara,
              o menos linda y más humana fuera.

CRISTINA   No puedo mudar vestido
                aunque parezca dañado
                la miseria me ha obligado
                a buscar cuartos, no marido.

TORRENTE   (*Aparte.*)
                Estas son las borrascas más temidas,
                de quien no espero verdadera calma,
                sino naufragios del más duro aprieto.

OCAÑA   (*Aparte.*)
                ¡El alma tengo en los dientes!
                ¡Casi estoy para expirar!

CRISTINA   Mucho y bien sabéis hablar,
                yo prefiero unos pendientes.

TORRENTE   ¡Oh, tú, reparador de nuestras vidas,
                Amor, cura las ansias de mi alma,
                que no pueden caber en un soneto!

D. ANTONIO   O el plan sale perfecto
                y mi hermana se casa con el rico
                o tendremos problemas con el fisco.

                (*Sale* MARCELA *y se queda mirando cómo* TO-
                RRENTE *sigue cortejando a* CRISTINA.)

MARCELA   No digáis nada, hermano,
                Dejadme, luego os lo cuento.
                (*Se va* DON ANTONIO. *Quedan* CRISTINA, TO-
                RRENTE *y* OCAÑA. *A* CRISTINA *cuando ve a los
                hombres.*)

Ya entiendo cuál es tu intento.
¡A trabajar que es más sano!

CRISTINA Todas las señoras quieren
ser audaces como criadas,
puras como enamoradas
rondadas como debieren.
No mueven un solo dedo
y nos lían a las demás
que trabajamos de más
para deshacer su enredo.

(*Se va* CRISTINA.)

MARCELA (*Seduciendo a* TORRENTE.)
A mí el ojo no me miente.
Yo veo con claridad
vuestra masculinidad
que me ofrece lo evidente.

TORRENTE No entiendo qué me decís.

MARCELA Entonces ya no hablo más.

(MARCELA *se abalanza sobre* TORRENTE.)

TORRENTE ¡Señora, por dios, atrás!

MARCELA Calma, ¿por qué no venís?

IV.

TORRENTE *sale huyendo y tropieza con* OCAÑA.

TORRENTE Y usted, ¿quién demonios es?

OCAÑA Soy de esta casa el cochero;
y, aunque no sea caballero
sufro amor como un marqués.

TORRENTE No quieras ser más señor
de lo que te corresponde
pues ni ser marqués o conde
te harán un hombre mejor.

OCAÑA Lo decís siendo ilustrado.

TORRENTE Letras tengo, no dinero,
condición de caballero.

OCAÑA Al menos sois abogado.

TORRENTE ¿Y es Cristina la ocasión
de tan grande sufrimiento?

OCAÑA No sé por qué, sé que siento
el alma hecha un carbón.

TORRENTE   Si es Cristina, pondré pausa
            en ciertos recién nacidos
            pensamientos atrevidos
            que su presencia me causa.
            No pienso en manera alguna
            seros rival: que sería
            un acto de villanía
            empeorar vuestra fortuna.

OCAÑA   Tenme a tus pies, compañero
            tu decisión es bastante
            para amansar un instante
            este corazón tan fiero.

TORRENTE   Alzaos, señor; no hagáis
            sumisión tan indecente,
            o humillaré yo mi frente
            si es que la vuestra no alzáis.

OCAÑA   Como me muestras los dones
            de amistad recién nacida,
            doy por salvada a Cristina
            que sé atender a razones.

TORRENTE   Vayamos a celebrarlo
            con un trago o dos de vino.

OCAÑA   (*Aparte.*) No me fío ni del vecino
            como para así dejarlo.

            (*Se van* TORRENTE *y* OCAÑA.)

V.

Marcela y Cristina en el cuarto de Cristina,
mientras se termina de vestir con el uniforme.

MARCELA   Este primo no me agrada,
te lo confieso, Cristina.
Ruego a Dios no sea mi ruina
cuando al fin esté casada.

CRISTINA   Como le veis mal vestido,
no os parece galán.

MARCELA   Las galas no siempre dan
carácter, ni ir mal vestido.
Aburrido me parece,
será prudente tal vez.

CRISTINA   De su amor será el juez.

MARCELA   Basta; poco me apetece.

CRISTINA   Parece que se ha calmado
tu hermano en su pensamiento.

MARCELA   Todavía lo que presiento
es que sigue apasionado;
no deja de usar mi nombre,

con acento de fantasía
y obscena voz. No debería,
por mucho que lo haga un hombre
y menos al ser mi hermano,
mas yo no le doy lugar
de que me pueda tocar
tan ni siquiera una mano.

CRISTINA   Es eso lo que yo digo,
no permita la ocasión
de caer en la tentación
y ahora, con permiso, sigo.

(CRISTINA *sale del cuarto a seguir trabajando.*)

VI.

Entra DON AMBROSIO *en el lobby. Pasa* CRISTINA.

D. AMBROSIO ¡Qué bombón descubro y veo!
¡Oh dulcísima Cristina!

CRISTINA De azúcar me debes ver.

D. AMBROSIO Mi tribunal debes ser
y tu dulzor dictamina.

CRISTINA ¡Qué militar más bien hecho
hablando del corazón!

D. AMBROSIO La lengua de la razón
es la que sale del pecho.
Vayamos pues al asunto.
Mi mensaje, ¿cómo va?
¿Cuánto más he de esperar?
¿Me considero difunto?

CRISTINA Señor, vaya poco a poco,
no pregunte tan deprisa,
o me azoro y me da risa.

D. AMBROSIO Presto. ¡Que me vuelvo loco!

CRISTINA   Olvídate de Marcela,
que pronto será casada.
Ya está su palabra dada
al galán que la interpela.

D. AMBROSIO No me digas el esposo,
que, sin duda, es don Antonio.

CRISTINA   ¿Con su hermana?

D. ANTONIO ¡Ah, demonio,
mal amigo y mentiroso!

CRISTINA   ¡Qué es con su primo!

D. AMBROSIO ¿Qué es esto,
por qué este caos inhumano?
¿Hoy primo el que ayer fue hermano?

CRISTINA   Dejadme contar el resto:
de Guinea un primo le vino
con tal soberbio dinero
que el mar se lo bebió entero
como un buen trago de vino.

D. AMBROSIO Yo sí que me siento un primo,
Marcela me habló de amor.

CRISTINA   Ella desprende calor
y el primo busca el arrimo.
Miradle, por allí asoma.

D. AMBROSIO Impediré que se case.

CRISTINA   Permitidme que ahora pase.

              (CRISTINA *sale*.)

D. AMBROSIO   ¡Se le va a acabar la broma!
              (*Entran* CARDENIO y MUÑOZ. DON AMBROSIO
              zarandea a CARDENIO.)
              ¿Tú? Bachiller embustero,
              atrevido e insolente,
              ¿por qué te finges pariente
              de la dama por quién muero?

MUÑOZ   Se nos acabó el favor,
              perecemos. Malo es esto;
              la traza se ha descompuesto
              al primer paso.

CARDENIO   Señor,
              no entiendo de qué me acusas.
              Di. ¿Por qué me has golpeado?
              O quieres ser engañado
              o de ese uniforme abusas.

D. AMBROSIO   Más te vale que desistas
              de cortejar a mi amada,
              que tu pinta está calcada
              a esa chusma de marxistas.
              ¡Vuélvete, demonio, a Bioko!
              ¡No me impidas la alegría!

CARDENIO   Este tipo desvaría.

MUÑOZ   Mira que está mal del coco.

(*Sale* DON ANTONIO, DON AMBROSIO *le mues-*
tra a CARDENIO *sujeto.*)

D. AMBROSIO Este es el que urdió la tela
que tan cara me ha costado.
Y este, pesares me ha dado
seduciendo a mi Marcela.
(*A* DON ANTONIO.)
Si él la escondió en vuestra casa
por quitármela delante,
hasta aquí, ya fue bastante.

D. ANTONIO No entiendo lo que te pasa.

MUÑOZ Este habla de Marcela
Osorio, no de tu hermana.

D. ANTONIO Su esperanza será vana.

MUÑOZ Has de andarte con cautela.

D. AMBROSIO De su sincera intención
dudo, me andaré con ojo.

D. ANTONIO Yo calmaré vuestro enojo.

D. AMBROSIO Espero una solución.

CARDENIO ¡Ah, Muñoz, a la mínima
ocasión hemos temblado!

MUÑOZ Temo el verme machacado,
que uno sus huesos estima.

D. Antonio   Veníos conmigo, y veréis
en el engaño en que estáis.

D. Ambrosio   Si a Marcela me lleváis,
al cielo me llevaréis.

Cardenio   Será mejor que me pierda.

D. Ambrosio   Tu cara me es sospechosa.

Cardenio   Será que se ha hecho famosa.

D. Ambrosio   Izquierda, derecha, izquierda.

(*Se van* Cardenio, Don Antonio y Don Ambrosio. *Queda* Muñoz.)

VII.

MUÑOZ   Me pesa que hice esa lista
con mi letra y con mi mano,
y este temor, que no es vano,
me indica ser egoísta.
Vamos a ver en qué acaba
el comenzado desastre;
aquel abrigo y sastre
por mí en el mar se ahogaban.

VIII.

Vuelven D<small>ON</small> A<small>NTONIO</small>, C<small>ARDENIO</small>, D<small>ON</small> A<small>M</small>-
<small>BROSIO</small>.

D. A<small>NTONIO</small>   Habéis de advertir, señor,
que hay dos Marcelas hermosas
buenas ambas para esposas
y una solo para amor.

D. A<small>MBROSIO</small>   Quizás se parece un poco,
en el vestido o cabello,
Y a pesar del atropello
no es mi Marcela ni loco.

M<small>UÑOZ</small>   *(Aparte.)*
¡Maldito sea dios, amante simple!
¡Con qué pocos indicios
erró Marcelas, el pasmado!
Recelé de que mi lista
pasara de mano en mano.

D. A<small>MBROSIO</small>   Su agente, desconfiado,
cerró un nuevo contrato,
y la arrancó de mí.

D. A<small>NTONIO</small>   ¡Igual en todo a mi historia!

MUÑOZ
Pues si en lo de Marcela veis patente
de vuestro pensamiento el desengaño,
mostraos, señor, más cauto y más prudente
otra vez que os confunda vuestro engaño,
y pedidle disculpas, diligente,
a quien con vuestro arranque hicisteis daño.

D. AMBROSIO
Tiene cualquier enamorada culpa
fácil y compasiva la disculpa.

CARDENIO
No te pongas a tiro de un celoso,
que yendo armado siempre es peligroso.

(CARDENIO *se va.*)

D. ANTONIO
La rabia de los celos es muy fuerte,
y empuja a cometer un desatino.

D. AMBROSIO
Yo vuelvo a renovar mi pena antigua,
buscando a aquella que me destinó el cielo,
mientras mi inteligencia lo averigua,
cual Sísifo haré rodar por el suelo
una sombra que nunca se apacigua,
llena su vista de inmortal desvelo.
Para dar fin de mis trabajos largos,
un lince sabré ser con ojos de Argos.

(*Entra* MARCELA *hecha una furia.*)

MARCELA
¿Has puesto precio a mi mano?
¿Entran, miran y me ofenden?
¿Ellos me compran, me venden?
¡Dame una disculpa, hermano!

D. Ambrosio No es otra cosa alguna,
sino que la belleza
incomparable y sola
de otra que tiene el mismo nombre vuestro.

Marcela Usad un habla que entienda,
cuidad conmigo la rima,
os lo aseguro, no anima
el que tu hermano te venda.

D. Antonio Te equivocas.

Marcela ¡Decid!

D. Antonio Habré de utilizar la silva.

Marcela Como si cantando es.

D. Ambrosio Sonaba entre la gente
el nombre de Marcela.
Creí que don Antonio,
vuestro querido hermano,
por orden del agente
en casa la tenía,
y con los celos ciego,
erré como un idiota.

(*Se va* Don Ambrosio.)

Cristina Apostaré, señora,
que es la misma Marcela
por quien tu hermano gime,
suspira y con angustia se lamenta.

MARCELA   Desesperado se parte.

D. ANTONIO   Yo sin esperanza quedo,
             dulce Marcela, de hallarte.
             No debe vencerme el miedo.

MUÑOZ   Haz cuenta, señor, que envías,
             con este amante furioso,
             una avanzadilla de espías.

D. ANTONIO   Con todo, estoy temeroso.

             (*Sale* DON ANTONIO.)

CRISTINA   Por fin se acabó el cuento
             de imponerte otro marido.

MARCELA   Creí que me habían vendido…
             Se ha marchado descontento.
             Y yo, simple, imaginaba
             ser la famosa Marcela
             con quien mi hermano soñaba,
             y por la que se desvela.

CRISTINA   Pídele perdón.

MARCELA   No quiero,
             pues nunca arraigó en mi mente
             ninguna mala serpiente
             ni un pensamiento grosero.

             (*Se va* MARCELA.)

IX.

CRISTINA *recogiendo el vestíbulo, enciende la radio.*

CRISTINA   «Sí, señora, como mande
lo que la señora ordene».
Cómo le gusta que yo ande
arriba, abajo, va y viene.
Ni un minuto me entretengo
ni exijo como tirana
que de relajo ya tengo
una tarde a la semana.
(*En la radio se escucha a* MARCELA OSORIO *cantando.*)
¿Escuchas? Ella otra vez.
Qué voz, qué mujer más linda.
Quién fuera la gran Marcela,
no esa mona que la imita
que igual de mona se queda
aunque de seda se vista.
(*Cantando.*) Detente, Cristina, sueñas.
¿De qué sirve ser bonita?
¿Para qué unos ojos tan grandes
tan hacendosa y tan limpia?
—Para comerte mejor—
Y al lobo le da la risa.
—¿Te quieres casar conmigo?

Pido tu mano, ratita–
¿Y por la noche que harás?
–No me compliques la vida–
Temo que me asustarás.
–Roncar, dormir y callar–
La vida debe ser más,
más lujo, más alegría.
Viajar a París, a Londres.
Lucir una joya mía
¿La vida será algo más?
Me pregunto cada día.
¿Roncar, dormir y callar?
Yo no quiero estar dormida.
¿Qué harás, Cristina?, ¿qué harás?
Acaba la canción, vuelve a la realidad.
Buscaré el modo y la forma
de escapar de esta guarida
de los cuarenta ladrones.
Por algo yo soy más lista
que las ratas colorás.

X.

Entra Torrente.

TORRENTE ¿Es posible, por el fruto
del bello árbol del amor,
que deba estar con rigor
mi alma siempre de luto?
(Entra OCAÑA *sin que se enteren y se esconde
a escuchar los requiebros de* TORRENTE *a* CRIS-
TINA.*)*
¿Es posible que no precies
kilos de dulce cacao
y por un cochero zumbao
un abogado desprecies?
¿Qué te tenga dominada
un borracho de tal modo,
que por él lo dejes todo,
y te acojas a la nada?
¡Oh mujeres, que tenéis
coraza de escarabajo!

CRISTINA Hablad, Torrente, más bajo,
si hacedme el favor podéis;
que dicen que las paredes
a veces tienen oídos.

TORRENTE   Los tuyos están dormidos
a la voz de mis mercedes.

CRISTINA   ¿Soy yo acaso tan mezquina
para querer a ese vago,
crees que no sé lo que hago?

TORRENTE   Bajad el tono, Cristina
Y sed un poco más diestra
con las cartas que os han dado.
Te lo aconseja un letrado
del que su suerte es la vuestra.

CRISTINA   Para mí no está destinada,
ningún tipo de fortuna.

TORRENTE   Sobre el cerco de la luna
os tendré pronto encumbrada.

CRISTINA   Soy solo una pecadora
inculta, una fácil presa.
El nacer tan pobre pesa
e impide hacerme señora;
Ocaña me ha insultado
y hasta incluso me ha agredido
si a su afán no me he vendido.

TORRENTE   Cuenta con que le he matado.

CRISTINA   Con solo media docena
de palos que tú le des,
rendida vendré a tus pies.

TORRENTE	Calma y modera tu pena.
CRISTINA	Entonces haz lo que digo.
TORRENTE	Sus huesos romperé y aún más.
CRISTINA	Palos bastan; vete en paz.
TORRENTE	Mejor sea la paz contigo.

(Entra TORRENTE. *Sale* OCAÑA *y se enfrenta a* CRISTINA.*)*

OCAÑA
Ahora conmigo presente,
di, ¿qué te hice tan horrible
para mandarme al terrible
furor del señor Torrente?
Sabes que no tengo culpa
de amarte y de avisarte
que más te vale guardarte
del mal, que pedir disculpa.

CRISTINA
Amor, pensaba contarte
la broma.

OCAÑA
Buscas fortuna
en el cerco de la luna,
luego el sol y después marte;
yo, mísero, apaleado,
tendido por ese suelo.

CRISTINA
Nunca lo permita el cielo.

OCAÑA   Tú misma me has condenado.

CRISTINA   Luego, ¿no me crees?

OCAÑA   Sí creo
porque lo veo.

CRISTINA   ¿El qué ves?

OCAÑA   Tus lágrimas, pero al ver
que ya no hay burlas pequeñas
si hasta mentiras empeñas
temo que me va a doler.

(CRISTINA y OCAÑA *se encaminan a una fiesta en la zona de servicio.*)

CRISTINA   Tal vez seré una ignorante
aunque de pobre saldré.

OCAÑA   A la fiesta volveré.

CRISTINA   Aparta, yo iré delante.

OCAÑA   Sigue forjando en la fragua
tus embustes, que yo espero
que ha de ver el mundo entero
quien se lleva el gato al agua.

Fin de la segunda jornada.

Jornada Tercera
I.

Entra DON ANTONIO *abatido.* MUÑOZ *lo consuela.*

D. ANTONIO   Si acaso quiero entonar
                alguna voz de alegría,
                siento que la lengua mía
                se me pega al paladar.
                Tal angustia y tal dolencia
                no me la alivian los cielos:
                se me incrementan los celos,
                y sufro su dura ausencia.

MUÑOZ   No hay extremo sin su medio,
                ni es eterna humana suerte:
                solo carece la muerte
                de tener algún remedio.
                Esta verdad sé bien yo,
                sin que en probarla porfíe:
                ayer lloraba el que hoy ríe,
                y hoy llora el que ayer rió.

D. ANTONIO   ¡Oh, qué filósofo vienes,
                Muñoz, amigo!

MUÑOZ   Confieso
                que lo soy por el progreso

de tus males y tus bienes.
Quiero mostrar mi lealtad
al entregarte a Marcela.

D. Antonio   Tu esperanza me consuela
pero sabes la verdad,
que Marcela no se mueve
de donde se haya metido.

Muñoz   Verdad, Antonio, te digo,
y escucha, que seré breve.
Esta mañana, pasando
frente a la seo del Buen Pastor,
la encontré al salir de misa
y llegando el hombro me tomó.

D. Antonio   ¡Oh dulce tacto!

Muñoz   ¿Qué tacto dulce puede
dar la mano de un viejo?

D. Antonio   Luego, ¿no fue Marcela
la que os mandó llamar?

Muñoz   No, señor, fue su agente.

D. Antonio   No entendí bien.
Seguid, que estoy suspenso.

Muñoz   ¡Por mi vida! ¡Si no me dejáis hablar!

D. Antonio   Atiendo, espero, escucho, advierto y miro.

MUÑOZ	Digo, pues, que don Pedro,
	agente de Marcela,
	me dijo estas palabras...

D. ANTONIO	¿Es mucho que te diga que apresures
	la comenzada cháchara
	de cuyo fin depende
	o mi vida o mi muerte?

MUÑOZ	¡Déjame comenzar!
	Dijo que si quisieras
	seducir a Marcela
	la debes contratar
	para que actúe en tu hotel.
	Solo es representante
	y tercera entre amantes
	si le saca provecho.

D. ANTONIO	Busca al señor don Pedro,
	le das su comisión
	y dejas el trato hecho
	Al fin la haré mía en alma, carne y hueso.

(*Entran* MARCELA *y* CRISTINA.)

MARCELA	Llega, Cristina, y dile
	lo que quieres.

CRISTINA	Percibo
	en el rostro vergüenza,
	y enmudezco.

MARCELA	¡Melindres!
	¿Ante mi hermano tiemblas?
D. ANTONIO	Pues, hermana,
	¿queréis alguna cosa?
MARCELA	En nombre de Cristina,
	te pido des licencia
	para que hagan en casa
	una fiesta esta noche.
D. ANTONIO	Como estoy contento, os daré licencia.
MUÑOZ	Si fuera necesario
	mostraré algún sainete.
CRISTINA	Mil años, señor, vivas.
D. ANTONIO	Vamos, amigo.
MUÑOZ	¿Dónde?
D. ANTONIO	A buscar a don Pedro.
MUÑOZ	Salió de la ciudad.
D. ANTONIO	¿Ahora dónde?
MUÑOZ	Partió a Bilbao,
	y regresa mañana.
D. ANTONIO	Demos gracias al cielo.

MUÑOZ   Dáselas al dinero.

(*Se van* MUÑOZ *y* DON ANTONIO.)

MARCELA   Mira, Cristina, que sea
un baile y celebración
alegre sin ser burlón,
y no haya en él cosa fea.

CRISTINA   El baile te sé decir
que llegará en lo posible
a ser dulce y apacible,
y así podamos reír.

MARCELA   ¿Lo saben tus compañeros?

CRISTINA   Aún no conocen nada.

MARCELA   Ve a organizar la velada
mientras pienso lo que quiero
ponerme para esta noche
porque en eventos así
se mueren por verme a mí
en vez de a cualquier fantoche.

(*Entran.*)

II.

Salen Torrente y Ocaña, *cada uno con un garrote debajo del brazo.*

Torrente Ve mejor por esa parte,
que está más llano el camino.

Ocaña Pasa primero, vecino.
Tranquilo, no pienso darte.

Torrente ¿Es un cetro ese garrote,
señor Ocaña?

Ocaña Es un palo
que aplico como regalo
sobre el más duro cogote.
¿Y es un puñal ese vuestro?

Torrente Es un bastón de justicia
que a los buenos acaricia
y con los malos es diestro.

Ocaña Luego, ¿vais a castigar
a algún malo?

Torrente Tal vez sí.

OCAÑA
Pues no pasemos de aquí,
que yo también he de dar
doce palos a un bellaco,
que además de traidor, miente.

TORRENTE
Si lo dices por Torrente,
mejor que te den por saco,

OCAÑA
¡Para! ¿Han de matarse así,
por sus caprichos serviles,
dos Héctores, dos Aquiles?

TORRENTE
Mueran. ¿Qué más me da a mí?

OCAÑA
¡Por Dios, despierta! Cristina
me mandó te apalease
que los ojos te sacase
y dejarte hecho una ruina.

TORRENTE
Lo mismo a mí me mandó
que a ti.

OCAÑA
Sin duda, así es.
¿Y logrará su interés?

TORRENTE
Amigo Ocaña, eso no.
Vivamos para beber,
pues para beber vivimos,
y si insultos nos dijimos
los dejaremos correr.

(*Sale* CRISTINA.)

CRISTINA	Apostaré que están hechos pedazos mis dos amantes, y estallaron de arrogantes sus muy coléricos pechos. Mira, allí están tan tranquilos bajo el sol ¿Qué me ha fallado? Estos no se han enterado de quién mueve aquí los hilos.
OCAÑA	Finge que no pasa nada.
TORRENTE	¡Hombre, Cristina! Verás… ¿Alguna vez nos dirás si la cuestión no te enfada a cuál de los dos más quieres?
CRISTINA	Es injusta petición, porque esta declaración no la han de hacer las mujeres como yo; mas, si gustáis que por señas os lo diga, me portaré como amiga con el amor que mostráis. Dame, Ocaña, tu pañuelo.
OCAÑA	Tómalo, sucio y algo roto. Yo te lo ofrezco devoto como arrancado del cielo.
CRISTINA	Coge el pañuelo, Torrente. Queda entonces contestado lo que me habéis preguntado honesta y discretamente.

Y adiós, que ya va siendo hora
de ponernos a ensayar.

(*Se va* CRISTINA.)

TORRENTE   Si antes no podía pensar
Más confuso estoy ahora.

OCAÑA   A ti dio, sin darte nada,
y, sin darme a mí, tomó;
con el darte, te pagó;
conmigo queda obligada.

TORRENTE   Quien toma de lo que tiene,
da muestra que lo aborrece;
y en el dar, claro parece
que más amor se contiene,
pues con las dádivas crece.

OCAÑA   El fallo de esta cuestión
quede en manos de la suerte.
Este juego nos advierte
que sus reglas solo son
las que dicta el corazón.

(*Se van* TORRENTE y OCAÑA.)

III.
Fiesta – Revista Musical.

Muñoz *presenta.* Quiñones *ejerce de azafata
y entrenador de boxeo.* Don Antonio y Marcela *entre el público.*

MUÑOZ   ¡Buenas noches! Bienvenidos
a nuestra celebración
para la que hemos reunido
lo más ingenioso de Europa
que a nuestro hotel ha venido.

D. ANTONIO   Hermana, ¿estás satisfecha?

MARCELA   ¿Satisfecha yo? ¿Por qué?

D. ANTONIO   Por el primo y por la fiesta.

MARCELA   Por el primo no lo sé
muy poquito se me acerca.

D. ANTONIO   ¿Dónde está?

MARCELA   Cazando moscas.

D. ANTONIO   ¿No va a sentarse a tu vera?

MARCELA   ¡Deja!

D. Antonio   Marcela, no empieces.
                Te casarás con su hacienda
                que buena falta nos hace.
                Convierte en amor tus quejas.

Marcela   Como ordene mi hermanito.
                Mientras ame a su Marcela
                en vez de ganarse el sueldo
                seré yo quien lo mantenga
                pariendo más indianitos.

Muñoz   Disfruten con este lío
                que les hemos preparado.
                Y de nuevo ¡Bienvenidos!

D. Antonio   ¡Llámale!

Marcela   Calla, que empieza.

                (*Entrando* Ocaña.)

Ocaña   Me temo que ese mal vino
                se me subió a la cabeza
                en busca de cierto alivio.
                ¿Y esta gente aquí reunida?
                ¿O uno eres? ¿Tanto he bebido?

Muñoz   ¡Y con ustedes, Ocaña!

Ocaña   ¿Me dices qué me he perdido?

                (*Entrando* Torrente.)

TORRENTE	Esto así no va a quedar ¡Te daré tu merecido!
MUÑOZ	¡Y con ustedes, Torrente de Bioko recién venido!
TORRENTE	¡Vaya cacao! ¡Cuánta gente!
MUÑOZ	¡De cacao sabe el amigo! La cuestión es la siguiente: dos celosos compulsivos aman a la misma moza, y como son tan impulsivos, y a la vez un tanto torpes…
OCAÑA	El torpe por ti lo ha dicho.
MUÑOZ	…y las más bastante brutos…
TORRENTE	Como tú, bruto perdido.
OCAÑA	¿Tú quieres que te desmembre?
TORRENTE	Confirmas bien lo que opino.
MUÑOZ	Resolverán sus problemas como verdaderos tíos… ¡A golpes!
TORRENTE	¿Cómo?
OCAÑA	Ya has oído. ¡En guardia!

TORRENTE   Yo no me pego.

OCAÑA   ¿Torrente tiene miedito?

TORRENTE   Ocaña, no me calientes
            que yo no soy tan borrico…

OCAÑA   Me quedaré con Cristina.

TORRENTE   Te estás pasando de listo.

OCAÑA   ¡Cuatro ojos!

TORRENTE   (*Burlándose.*)
            ¡Bah, tú la llevas!

OCAÑA   (*Aparte a* TORRENTE.)
            Enfádate ya, cansino,
            que ayer así lo acordamos.

TORRENTE   Pero pegamos flojito…

MUÑOZ   ¿Comenzamos?

OCAÑA   ¡Erudito!

TORRENTE   ¡Válgame, dios! ¡Lo que ha dicho!

MUÑOZ   ¡Cada púgil a sus puestos!

            (*Se escucha la voz de* CRISTINA *detrás del te-
            lón del fondo.*)

CRISTINA	¿Empieza o no empieza ya? ¡Me estoy muriendo de frío!
OCAÑA	Detente, Cristina sale.
CRISTINA	¿Está el pianista conmigo?
MUÑOZ	¡Sí!
CRISTINA	Que toque que no lo oigo.

(El piano da la entradilla de presentación para CRISTINA *que sale vestida de cupletista.)*

OCAÑA	No doy crédito, alucino.
D. ANTONIO	Se parece a mi Marcela.
TORRENTE	Pellízcame, estoy dormido.
MARCELA	No está mal para ser ella.
CRISTINA	No sé para qué he salido. Me muero de la vergüenza.
MUÑOZ	Y con ustedes, amigos… directa del *Folies Bergere*, de la *Olimpia* y del *Molino*. ¡La picaruela Cristina con su número divino!

*(*CRISTINA *canta el cuplé,* OCAÑA *y* TORRENTE *se van animando con la letra.)*

CRISTINA   *(Cantando.)*
Cuando yo era chiquita,
me decía mi mamá:
—Mira bien por dónde pisas,
no te vayan a quebrar
como un capullo del campo
que se busca desflorar.
Eres una buena niña
y más buena vas a estar—
Madre, mi querida madre,
guardas me queréis poner;
porque si yo no me guardo,
sus celos me han de perder.
Desde entonces, los señores
no me dejan nunca en paz
Y yo repito muy seria:
—Se lo diré a mi mamá—
Contestan, muy convencidos
sin dejarme de halagar
—El que no llora no mama—
No sé qué quieren mamar
unos señores tan grandes
de tan avanzada edad.
Madre, mi querida madre,
guardas me queréis poner;
porque si yo no me guardo,
sus celos me han de perder.
Luego, a mí me dicen niña
cuando me pongo a jugar
y les enseño una pierna
desde el tobillo na más,
o les prometo un besito
si se lo saben ganar.

OCAÑA   ¡Yo!

TORRENTE   ¿Tú? No ¡Yo me lo pido!

CRISTINA   *Quien se lo merezca os juro*
que mi boca le voy a dar.
¿Alguno de los presentes
me tiene a bien ayudar?

OCAÑA   Tuyo soy. ¡Cuenta conmigo!

TORRENTE   ¿Para arreglarle los frenos?

OCAÑA   Para hablar de loros hundidos.

CRISTINA   *Tened paciencia, id pasando.*
Nadie se vaya a enfadar
pues mami también me dijo:
lo bueno se hace esperar.

TORRENTE   No esperes más, mi Cristina.
¡Aquí tienes un marido!

OCAÑA   ¡Aparta de ella tus manos!
Solo pensarlo es delito.

(*Cantan con* CRISTINA *el estribillo intentando*
llamar su atención.)

TODOS   *Madre, mi querida madre,*
guardas me queréis poner…

(TORRENTE y OCAÑA *se enzarzan.* MUÑOZ y
QUIÑONES *los separan.*)

MUÑOZ   ¡Chicos, aguantad la fiebre!
La vedette no ha concluido.

CRISTINA   ¿Hay quien entienda a los hombres?
Te siguen si los ignoras,
te olvidan si los adoras,
mas el amor ni lo nombres.

(CRISTINA *sale de escena, muy ofendida.*)

MUÑOZ   Retomamos el conflicto.
¡Muchachos, a sus lugares!

MARCELA   Santo dios ¿y si se pegan?

D. ANTONIO   Ojalá gane Torrente.
No quiero perder la apuesta.

MARCELA   El juego, hermano, es pecado.

D. ANTONIO   Bien te gusta la ruleta.

MARCELA   Me gusta cómo da vueltas.

D. ANTONIO   Lo que tú digas, Marcela.

MUÑOZ   ¿Listos?
¡Les presento! A mi derecha…
de celos… ochenta kilos,
¡Ocaña, el feroz cochero!

Y si miran a mi izquierda
sesenta sin el abrigo,
¡Torrente, fiel abogado
de cualquier caso perdido!
¡A sus puestos! ¡Empezamos!

(*Comienza el combate.*)

OCAÑA   Bailar quiero con Cristina.

TORRENTE   No te he dado yo el permiso
               ¿Se te olvidó don Ocaña
               que su pañuelo fue mío?

OCAÑA   ¿Y no sabe don Torrente
               que era su pañuelo mío?
               Como mía será de nuevo.

TORRENTE   Será si te lo permito.

               (OCAÑA *golpea a* TORRENTE. TORRENTE *cae y
               se levanta como un resorte.*)

OCAÑA   ¡Va, mi primera licencia!

TORRENTE   Flojo dijimos, flojito.

OCAÑA   Lo siento, me has enfadado.

TORRENTE   ¡Ay, la nariz me ha dolido!
               Toma Ocaña, esta respuesta.

               (TORRENTE *le devuelve el golpe.*)

OCAÑA	No te emociones, amigo. ¡Cómo pega el abogado y parecía tontito!

(Se persiguen a puñetazos por el ring. Van a los laterales. QUIÑONES los atiende.)

QUIÑONES	Tienes que pegar más bajo.
TORRENTE	¡El cochero me ha molido las costillas!
QUIÑONES	¿Quieres agua?
OCAÑA	Prefiero un trago de vino.
TORRENTE	Me está doliendo hasta el alma.
QUIÑONES	¡Resiste!
D. ANTONIO	¡Dale, Torrente!
MARCELA	¡Buen gancho, Ocaña!
MUÑOZ	¿Seguimos?
TORRENTE	Por mi parte, yo lo paro.
MUÑOZ	El que lo pare ha perdido y se queda con Cristina.
OCAÑA	¡Gallina!

TORRENTE   ¡Eso no!

OCAÑA   ¡Vendido!

TORRENTE   ¡Verás qué piña te llevas!
            (OCAÑA *arremete contra* TORRENTE *que cae a la lona.*)
            ¡Socorro, que me han herido!

MARCELA   ¡Ay, cielos! ¡Está sangrando!

MUÑOZ   ¡Un, dos, tres!

D. ANTONIO ¡Parad la pelea!
            (DON ANTONIO y MARCELA *entran en escena.*)
            Me has hecho perder la apuesta.

TORRENTE   ¡Cómo si hubiera querido!

D. ANTONIO Ocaña, sucio has jugado.
            Ya no te quiero conmigo.
            ¡Fuera de mi hotel!

OCAÑA   Señor…

D. ANTONIO ¡Vete largando ahora mismo!

            (OCAÑA *se va arrastrando.*)

MUÑOZ   ¡Mi señora se desmaya!

MARCELA   Cogedme, me debilito.

D. Antonio   Avisad rápido al médico.

Torrente   ¡No, no merece el castigo!
Fue todo por alegraros.

D. Antonio   ¿Defiendes a tu enemigo?

Torrente   Acordamos el enredo
para hacerlo divertido.
Esta sangre es de tomate
y los insultos fingidos.

D. Antonio   ¡Qué se anulen las apuestas!
De nuevo Ocaña admitido
y mi hermana que descanse,
tanta tensión la ha vencido.

Muñoz   Acabe entonces la fiesta.
¡Gracias por haber venido!

(Entran todos.)

IV.

Sale Don Silvestre *de Aramendia, el verdadero, con una gran cadena de oro.* Quiñones
le lleva las maletas.

Quiñones	Señor, ¿en algo más puedo ayudarle?
	Quien acaba de anclar está perdido.
	Si de otro peso puedo descargarle
	un fiel confidente en mí ha conocido.
D. Silvestre	Gracias, botones. Venir de tan lejos,
	haciéndome dueño de mi destino,
	por seguir de mi padre sus consejos,
	vuélvanse dichas y no desatinos.
	De Guinea el amor vengo buscando
	con una imagen me puse en camino,
	y aunque prima sea sigo dudando
	de su lealtad y de su belleza.
	Confiemos en que me siga esperando
	con gran hermosura y algo de cabeza.
Quiñones	Señor, lo que yo puedo aconsejarte
	es que procures que la vista sea
	la que de esta verdad ha de informarte;
	y si tu prima acaso fuera fea,
	no faltarán excusas con que impidas
	el lazo que se teme y se desea:

que al unir en matrimonio dos vidas,
no se debe cargar con quien te asquea.

D. SILVESTRE   Muchacho eres, mas pareces sesudo,
sorprenderla en la casa fue mi idea.
Tan confiado estoy ya, que en nada dudo,
tú me diste aliento en mi temor. ¡Vela!
(*Le enseña una fotografía.*)
¿Conoces a la dama?

QUIÑONES   ¡Quedo mudo!
No es otra que la señora Marcela.

D. SILVESTRE   Vine leyendo el papel
y hasta la casa he llegado
esperaba haber hallado
un dulce hogar, no un hotel.
¿La imagen la hace justicia?
Dime, ¿es hermosa mi prima?

QUIÑONES   Claro, como de aquí a Lima.
(*Aparte.*)
Es más horrible que picia,
ya verás cuando la vea.

D. SILVESTRE   He de encontrarla cuanto antes.

QUIÑONES   Bajará en unos instantes.
Tal vez os parezca fea
que al Amor y a la Justicia
los pintan ciegos por algo.
Para opinar yo no valgo
porque me falta pericia.

(Sale Marcela *con* Muñoz *al lobby.* Marcela *lleva el rostro cubierto por una mantilla de oración.)*

Marcela   ¡Vaya susto me he llevado
en la fiesta de ayer noche!
Y encima aguanta el reproche
de que yo lo he organizado.

Muñoz   No lo pasamos tan mal,
Cristina estuvo radiante.

Marcela   Muñoz, frena, estoy delante.
Ten un poco de moral.
¿Don Silvestre sigue en cama?

Muñoz   Sí, señora; está cansado.

Marcela   Mi primo es tan delicado
que bien parece una dama.
Mejor será que recemos
y que el Señor nos ayude.

Muñoz   Esta mañana no pude
encargar los crisantemos.
Es obligado que lo haga
por petición de su hermano.
(Aparte.) Eso, que no soy cristiano
y la misa me empalaga.
La acompaño hasta la entrada
y hasta que empiece el oficio.
(Aparte.) Mi labor es de servicio
pero nunca de criada.

(*Al pasar,* Don Silvestre *saluda a* Marcela *y
ella le devuelve el saludo.*)

D. Silvestre   ¿Ella es mi prima Marcela?
No la he visto bien la cara
y aunque tal vez me mirara
pasó con mucha cautela.
Muchacho, ¿es la del retrato?
no le falta gentileza.

Quiñones   (*Aparte.*)
Lo que le falta es belleza.
Mejor me voy de inmediato.

(*A* Silvestre.) Mire, ahí vuelve el bedel.

D. Silvestre   Primo y don Silvestre dijo,
¿será algún juego o acertijo?

Quiñones   Mejor que le responda él.

(*Se va* Quiñones. *Vuelve* Muñoz.)

Muñoz   No hay quien aguante el sermón,
de un cura tan seco y tieso.
Un bocadillo de queso
me causa más devoción.

D. Silvestre   Dígame, señor bedel,
¿quién es aquella señora
que entró en la capilla ahora?
Hoy mismo llegué al hotel
y me asombró su hermosura.

Muñoz	Ella es Marcela de Aramendia cuya familia compendia casta, negocio y cultura en este hotel regentado por ella y por don Antonio, quien gestiona el patrimonio de sus padres heredado.
D. Silvestre	¿Y nada están esperando?
Muñoz	¿Qué tendrían que esperar?
D. Silvestre	Algo que esté por llegar.
Muñoz	De Roma están esperando licencia para casarse, Marcela quiere entregarse a un primo que está aguardando.
D. Silvestre	¡Qué celeridad la suya! ¿Cómo lo pudo saber?
Muñoz	¿No traerá usted el poder?
D. Silvestre	¿Yo?
Muñoz	Si así fuera, aleluya. ¡Sea bien recibido!
D. Silvestre	Gracias.
Muñoz	¿Usted se llama?

D. Silvestre   Silvestre.
Por vía marina y terrestre
vengo en busca de una dama
para tomarla de esposa
aunque sea también mi prima.
Dejé mi casa y buen clima
por esta misión honrosa.

Muñoz   Perdón, ¿dijo con su prima?

D. Silvestre   Sí.

Muñoz   ¿Y se llama?

D. Silvestre   Silvestre.

Muñoz   ¡Qué contrariedad la mía!
¿Será una casualidad?
¿Y viene usted de visita?

D. Silvestre   No, si se tercia quedarme.
Antes, en vuestra salida
nombrasteis a un tal Silvestre.

Muñoz   Este que viene podría
contaros el caso grave
con más luenga narrativa:
que estuvo presente en todo,
y además yo tengo prisa.
(*Sale* Torrente.)
Torrente, este caballero
que vino dejando su isla,
pregunta por una dama.

TORRENTE   ¿Y qué?

MUÑOZ   ¿Te suena la intriga?

TORRENTE   ¿Debiera sonarme? Espera…
             ¿Pasó por aquí Cristina?

MUÑOZ   No hay forma de que lo entiendas.

D. SILVESTRE ¿Quién es esa señorita?

MUÑOZ   Los celos se hacen manía
             y ciegan el pensamiento.

TORRENTE   ¡Otro pobre desgraciado!

D. SILVESTRE ¿Alguno me da una pista?

MUÑOZ   Mejor yo me voy marchando.

             (MUÑOZ *se va.*)

TORRENTE   No estoy yo para turistas.
             Después de salvar a Ocaña,
             es justo que mi Cristina
             me reconozca la hazaña
             con amor e idolatría.
             Mejor la sigo buscando.

             (*Se va* TORRENTE.)

D. SILVESTRE ¿Entonces, nadie me indica?
             Tendré que deshacer yo mismo

tantos y oscuros enigmas.
Ya me previno mi padre
de que tomara medidas,
que el reino es grande y tirano
y sus gentes desabridas.

(Se va DON SILVESTRE.)

V.

CRISTINA, *carta en mano, escucha la radio en la que suena la canción de* MARCELA OSORIO.

CRISTINA   Y ahora que llegó el papel
que tanto aguardan de Roma,
dejo de tomarme a broma
mi paso por este hotel,
si bien yo soy camarera
y jamás soñé mejoras,
lo sentido en estas horas
me anima a que por fin quiera
vivir con mejor honor,
como viven mis señores
que se preocupan de amores
carentes de otro dolor.
Escucha, canta de nuevo
Marcela y su voz divina,
cuya dulzura ilumina
cada pasito que muevo.
¿Qué harás, Cristina, qué harás?
Seguro que ella sabría
vencer mi melancolía.
¿Te irás y no volverás?
Quisiera buscar fortuna,
como hizo Marcela Osorio.
Labraré mi territorio

que Cristina solo hay una.
Vamos, lleva la dispensa.
Es ocasión de que crezcas.
Ánimo, no desfallezcas.
¿Cómo lo lograré? Piensa.
¿Qué harás, Cristina? ¿Qué harás?

VI.

Salen Don Antonio y Don Ambrosio *que trae un papel en la mano.*

D. Ambrosio   Si de esto albricias no dais,
o esta verdad no creéis,
ni de mi mal os doléis,
ni de mi bien os holgáis.
Ya Marcela ha aparecido,
y con esa letra y firma
todos mis bienes confirma;
al fin seré su marido.

D. Antonio   ¿Sabéis bien si esta es su mano
y firma?

D. Ambrosio   Sin duda alguna.

D. Antonio   Con tan próspera fortuna,
normal que os mostréis ufano;
pero por su agente sé
que está centrada en su arte.

D. Ambrosio   Él ni nadie tendrá parte
en rompernos nuestra fe.
Le parto antes la quijada
si pretende separarnos

> porque vamos a casarnos
> y ya no podrá hacer nada.

D. Antonio La enhorabuena he de daros
> por vuestro triunfo amoroso.
> Sed con ella un buen esposo
> y ante las trabas, amaros.
> A esta hora don Pedro viene
> a negociar una cosa.

D. Ambrosio Una reunión peligrosa
> que a mis metas no conviene.

D. Antonio Hablaremos de dinero,
> quedaos si aún dudáis
> de mi bondad. No os vayáis.

D. Ambrosio Mejor me voy, lo prefiero.

VII.

Entra el agente de Marcela, *Don* Pedro, *y se va* Don Ambrosio. *Entra al momento* Cristina.

D. Pedro   Como fue una oferta honesta
la que os hice, vengo a ver
si vino a corresponder
con mi intención la respuesta.
Te haré, señor don Antonio,
de este modo lo diré,
un regalo. Ofreceré
a la chica en matrimonio.
En ella existe una esposa
servicial, mas no lo sabe,
y más mérito si cabe
al mostrarse tan hermosa.
Dadme siete mil pesetas
y te la traigo mañana.
Te la alquilo una semana
aunque tú me la respetas.

D. Antonio   Con mucho gusto, señor
don Pedro, yo lo quisiera,
y seguro bien me fuera,
cuando le echase valor;
mas la señora Marcela

se lo ganó por la mano
a vuestro intento tan sano,
que por el negocio vela.
Ella ha buscado un esposo,
que acaba de irse de aquí.

D. PEDRO   ¿Hablas de Ambrosio?

D. ANTONIO   Sí.

D. PEDRO   ¡No puedo estar más furioso!
Aclara. ¿Qué ha sucedido?

             (*Acercándose* CRISTINA *con la carta en la mano.*)

CRISTINA   Señor, disculpe, ha llegado…

D. ANTONIO   Una carta le ha enviado
con su favor.

D. PEDRO   ¿Cómo ha sido?

CRISTINA   Lo que esperaba.

D. ANTONIO   ¡Ahora no!

CRISTINA   Tanta prisa para esto.

D. ANTONIO   Habrían acordado el resto.

D. PEDRO   Lo que el buen contrato unió
que no lo separe el hombre.

D. Antonio	Más que nada porque el hombre del buen contrato era yo.
D. Pedro	¡Que venga un embustero, con sus manos lavadas, sucias de malos versos, la paz me robe y también la vedette! ¿Cómo llego a los teatros sin estrella bonita?
Cristina	Si una estrella usted busca, aquí la tiene.
D. Pedro	¿Dónde? No la veo.
Cristina	La ve desde hace un rato. Señor…
D. Antonio	¿No dije, Cristina, que no?
Cristina	Este hombre necesita una actriz, una tiple, una artista. ¡Yo!
D. Antonio	¿Y esto a qué viene?
D. Pedro	Deja. ¿Es cierto eso que dice?
D. Antonio	Verdad que canta bien.
D. Pedro	Y es bella, ya se ve. Vamos muchacha, baila.
Cristina	Me entra ahora el apuro.

D. PEDRO   ¡Enséñanos las piernas!
             Por la vergüenza no pagan un duro.

D. ANTONIO   Basta, está trabajando.
             Dinos a qué has venido.

CRISTINA   Le traigo lo que tanto está esperando,
             tome, viene de Roma.

D. ANTONIO   La dispensa del enlace entre primos.
             Puedes irte.

CRISTINA   ¿Y mi prueba?

D. ANTONIO   Cristina, estás de broma,
             criada serás, hasta el fin de tus días.

D. PEDRO   La chica tiene derecho a soñar
             como tú soñaste que mi Marcela
             se iba a casar contigo.
             Te digo: sueña el rico en su riqueza...

D. ANTONIO   Y los sueños, sueños son. Se acabó.
             No estoy dispuesto a perder en una hora
             doncella, esposa, la cabeza y la honra.

D. PEDRO   Malditas cupletistas.
             ¡Que siempre se enamoran!

             (*Se va* DON PEDRO.)

CRISTINA   Y ahora, ¿qué hago yo?

D. Antonio Vete a fregar los platos.
(*Se va* Cristina.)
¡Mi gozo se cae al pozo!
No la amaré, ni aunque Marcela quiera.
Estas artistas son unas cualquieras.

VIII.

Saliendo TORRENTE y CARDENIO.

TORRENTE   ¿A qué, vergonzoso, aguardas?
            ¿Qué progresiones has hecho
            que nos sean de provecho?
            ¿A qué esperas? ¿Por qué tardas?

CARDENIO   No sé rogar y fingir
            se me sale el corazón.

TORRENTE   Estás perdiendo ocasión,
            ¡se me va a salir a mí!

            (*Sale* DON SILVESTRE.)

D. SILVESTRE ¿Un don Silvestre está aquí
              de Aramendia el apellido?

CARDENIO   Yo soy. Sea usted bienvenido.

D. SILVESTRE ¿Don Silvestre es usted?

CARDENIO   Sí.

D. Silvestre	Dadme, señor, vuestros pies, que soy grande servidor de vuestro padre.
Cardenio	Señor, suba, no sea tan cortés.
D. Silvestre	Sabe que en nuestra colonia nos saludamos así, un beso muy fuerte aquí.
Torrente	¡Vaya absurda ceremonia!
D. Silvestre	Ahora salúdeme, hermano.

(*Besándole y tendiéndole los brazos.*)

Torrente	Preferiría no hacerlo. Gozo mucho más al verlo. Que letrado soy, no indiano.
D. Silvestre	¿Silvestre, me reconoces?
D. Antonio	Caballero, ¿usted quién es?
D. Silvestre	¿Es que acaso no lo ves? Manoko. ¿No me conoces?
D. Antonio	¿Manoko?
D. Silvestre	Manuel y Bioko. Capricho fue de mi madre y embarcarme el de mi padre

para que madure un poco.
Después de tan largo viaje
encontrarme con paisanos
es hallar a mis hermanos
siameses.

CARDENIO Va, paga el peaje.

(TORRENTE *se deja besar por* DON SILVESTRE.
Entra MUÑOZ.)

MUÑOZ Señor, su hermana le pide…

D. ANTONIO ¿Qué se le ha antojado ahora?

MUÑOZ –Ocaña listo en una hora
y la chequera, no olvide–
(*Aparte.*)
¡Por Marx y todos los santos
ahí sigue ese guineano!

D. SILVESTRE ¿Quién me acompaña al piano?
¡Revivamos nuestros cantos!

D. ANTONIO Tal vez así me serene.

CARDENIO ¡Torrente! ¡Ayuda, Muñoz!

MUÑOZ Todo esto me parece atroz.

(DON SILVESTRE *se acerca al piano, y comienza a interpretar una guajira. Invita a* CARDE-
NIO *a que complete los versos.*)

D. SILVESTRE   (*Cantando.*)
En barquito por la mar
dejó su casa un guajiro
y aunque se quiso quedar
apenas dejó un suspiro
que siempre le va a esperar
en cuerpo de una mulata
de piel y andares de gata…

CARDENIO   (*Intentando seguirle.*)
Para que cace las ratas…

MUÑOZ   (*Rezando.*)
¡Dios, en ti creo si nos salvas!

SILVESTRE   *Sueña con el palmeral…*

CARDENIO   Como cualquier animal…

TORRENTE   Nos vamos a criar malvas.

MUÑOZ   ¡Encima canta fatal!

SILVESTRE   *Sueña con el palmeral*
la mulata, el litoral
y su tierra color plata…

CARDENIO   ¡De la que cagó la gata!

SILVESTRE   La canción ya se ha acabado.

TORRENTE   Adiós, mi querido amigo.

MUÑOZ   Adiós, mi querido abrigo.

CARDENIO   ¡Confieso, me habéis pillado!

SILVESTRE   Yo soy, señor don Antonio,
vuestro primo verdadero,
y que es este un embustero
darán claro testimonio
mis papeles y el retrato
de mi señora Marcela.

MUÑOZ   ¡Como dios no me consuela
si no muero hoy, yo me mato!

TORRENTE   ¿Y Manoko?

SILVESTRE   ¿Y el dinero?

TORRENTE   Cacao y café
hundidos de mala fe
por unos piratas locos.

CARDENIO   Basta de mentir, Torrente.
Ni cacao, ni papagayo
ni oro. Que me parta un rayo
si sé algo de esa gente.

D. ANTONIO ¿Quién eres?

CARDENIO   Un estudiante.

TORRENTE   Y yo su amigo holgazán
que, hartos de soñar con pan,

cuando en el mundo hay bastante,
nos pusimos a pensar
cómo asegurar el plato
y ya que el pobre insensato
se ha empeñado en amar
a la señora Marcela,
se nos ocurrió esta idea
para que el chico la vea
y al paso llenar la cazuela.

CARDENIO   Si me queréis castigar
primero advertid, señores,
que los yerros por amores
son dignos de perdonar.

D. ANTONIO   Por compasión el perdón
te diera, pero te aviso
que el Pontífice no quiso
conceder dispensación
entre mi primo y mi hermana.

SILVESTRE   ¿Y ahora entonces qué hago yo?
¿Me conformo con el *no*?
¿Regreso a mi isla lejana
cuando acabo de llegar?

D. ANTONIO   No hay ley en el mundo entero
que no se salte el dinero
y tú lo puedes pagar.
¿Por qué lloras, estudiante?

CARDENIO   He perdido la ocasión
de ganar su corazón.

D. ANTONIO   Soltad al pobre ignorante.
              (CARDENIO *se va llorando*.)
              ¿Y con el otro estudiante?

TORRENTE   Por favor, dejadme en paz
              ya que no he sido capaz
              de prosperar lo bastante.

MUÑOZ   Parece que de momento,
              estoy salvando el pellejo.

D. ANTONIO   ¿Muñoz?

MUÑOZ   Pobre de este viejo
              que va a perder su sustento.

D. ANTONIO   ¿Qué mascullas? ¿Y mi hermana?

MUÑOZ   Descansando de la misa.

D. ANTONIO   Llama y que baje deprisa
              que tampoco es tan cristiana.

              (*Sale* MARCELA *entonando el comienzo de la
              guajira, con ella viene* CRISTINA.)

MARCELA   (*Canturreando.*)
              Contigo me caso indiana
              si se muere su papá.
              Díselo a tu mamá.
              Ay, hermosísima cubana…
              Hermanito, me han contado
              Lo de mi esposo flamante

y en su honor he preparado
esta entrada deslumbrante.

SILVESTRE   ¿Ella es? ¡Por todos los santos!

MARCELA   ¿Él es? ¡Doy gracias al cielo!

MUÑOZ   ¿Veis? Dios por fuerza es malo.

SILVESTRE   ¡Luce barba de señor!
¿Quién perpetró ese retrato?

MUÑOZ   Alguien con mucho valor.

MARCELA   Alguien muy poco sensato.

D. ANTONIO   Por fin, los amantes juntos.

MARCELA   ¡Ven y tómame en tus brazos!
Mejor sé tú mi Silvestre
eres bastante más guapo.

SILVESTRE   Querida, prima… ¡Socorro!
(A QUIÑONES.)
¡Me dijiste que era hermosa!

QUIÑONES   Dije que soy un muchacho
y mi experiencia era poca.

SILVESTRE   Mis queridos primos, ambos,
se han dado tales prodigios
y estoy tan conmocionado
tras el viaje y los enredos

que necesito descanso
antes de entrar en amores.

D. Antonio   Claro ¡Mostradle su cuarto!

Quiñones   Botones, llévame pronto.

Marcela   Al menos, dame un abrazo.

Silvestre   A la vuelta, seré tuyo.
(*A* Quiñones.)
Compra un billete de barco
a cualquier lugar de Europa
en cuanto pueda me escapo
a conocer nuevos mundos.

(*Sale* Silvestre *con* Quiñones.)

Marcela   ¿Quién era el Silvestre falso?

D. Antonio   Un miserable estudiante.

Marcela   ¡Pobre! Por enamorado
no castigues al muchacho.
Castígale por mi engaño.

D. Antonio   Hermana ¿Te deshonró?

Marcela   Castígale por pacato.
¿Y cómo tuvo noticias
de nuestro primo guineano?

D. Antonio   Es cierto, ¿quién le informó?

MARCELA   Alguien a los dos cercano…

D. ANTONIO   ¡Muñoz!

MUÑOZ   ¡Dios sea conmigo!
                    ¡Llegó de Muñoz el fin!

D. ANTONIO   ¡Ah, conserje viejo y ruin!
                    Me pensé que eras mi amigo.
                    que tú y yo, de igual a igual,
                    compartíamos inquietud.

MUÑOZ   Al señor la gratitud
                    le viene de natural
                    pero un obrero la siente
                    el día que va a cobrar
                    y si no le va a llegar
                    para que siquiera cuente
                    las monedas en su mano,
                    el obrero se hace amigo
                    de quien le consiga abrigo
                    y más cuando llega a anciano.

D. ANTONIO   ¡Fuera de mi hotel, traidor!

MARCELA   Lo sentimos de verdad.

MUÑOZ   Con vuestro dolor quedad
                    pa cuentos estoy mayor.
                    Si algo tiene el socialismo
                    es que iguales al pedir
                    y a la hora de repartir
                    con el castigo lo mismo.

(Sale MUÑOZ. *Quedan solos los hermanos.)*

MARCELA   ¿Y ahora que hacemos, hermano?

D. ANTONIO   De momento, salgo a fumar.

MARCELA   Pues yo me pongo a ensayar
             la petición de mi mano.
             ¡Oh, mi Silvestre! ¡Sí, quiero!

D. ANTONIO   ¿No pensabas ir de compras?

(Entra OCAÑA.)

MARCELA   Es cierto, ahora que lo nombras.
             Vete dándome el dinero.
             (A OCAÑA.)
             Cochero, quince minutos.

(Sale MARCELA.)

OCAÑA   *(A* DON ANTONIO.)
             ¿Señor, se encuentra usted bien?

D. ANTONIO   Ha sido un momento duro
             la pérdida de Marcela.

OCAÑA   Las mujeres son un mundo
             en permanente desastre.

D. ANTONIO   Se me pasará el disgusto
             con un cognac y un buen puro.

(*Sale* Don Antonio.)

OCAÑA   Encontrará un nuevo enganche
con otra cabaretera.

IX.

Entra CRISTINA *perseguida por* QUIÑONES *y* TORRENTE.

TORRENTE   ¿No ha de haber un casamiento
             en esta casa jamás?

OCAÑA   Tú, Cristina, lo tendrás,
             si te ajustas a mi intento.

CRISTINA   Ya me ajusté al de Quiñones.

QUIÑONES   Pues yo no me ajusto al tuyo.

CRISTINA   Simples sois. ¿No lo veis? Huyo
             de todas vuestras cuestiones.

OCAÑA   No mereces que te quieran.

CRISTINA   En eso tenéis razón
             si amar es una canción
             que rima celos y espera,
             prefiero no amaros más.

QUIÑONES   Ninguno te va a querer.

TORRENTE   Has perdido tu poder.

CRISTINA   ¡Adiós!

OCAÑA   ¿A dónde te vas?

CRISTINA   Lejos.

QUIÑONES   ¡Mira la ratita
              cómo sueña con palacios!
              Se buscará un san Pancracio
              que la vuelva princesita.

              (*Se asoma* DON PEDRO *con una maleta.*)

D. PEDRO   ¿Estás ya lista, Cristina?

CRISTINA   Hasta ahora no lo estaba.
              No sé ni por qué dudaba.
              Al fin esto se termina.
              Vamos, Pedro, estoy lista.

OCAÑA   ¿Qué harás, Cristina? ¿Qué harás?

QUIÑONES   ¿Te vas?

D. PEDRO   A triunfar.

TORRENTE
/OCAÑA   ¿Qué?

CRISTINA   ¡Me convertiré en artista!

              (CRISTINA *se marcha con* DON PEDRO.)

OCAÑA

Esto en este cuento pasa:
los unos por no querer,
los otros por no poder,
al fin ninguno se casa.
De esta verdad conocida
pido den testimonio:
que acaba sin matrimonio
la comedia Entretenida.

Fin de la comedia

Laura Rubio Galletero

mi agravio mudó mi ser

Diálogo con las otras a través del tiempo

Para Paloma Sánchez de Andrés, Julia Soto
y Elena Cándel por encarnarnos.
Para Óscar Miranda por la confianza.
Para todas las que hablaron por las que callan.

Dramatis

Leonor

Ribeta

Estela

Leonardo

Madre

3

Primera Jornada

LEONOR y RIBETA *de camino.*

LEONOR

Amor,
aunque en la ocasión esté,
soy quien soy, vencerme puedo.
No es liviandad, honra es
la que a esta ocasión me puso;
ella me ha de defender;
que cuando ella me faltara,
quedara yo, que también
supiera darme la muerte,
si no supiera vencer.

RIBETA

(A público.)
Vivir aventuras quise
para salir del ensanche
donde me esperan los novios
con los que toca casarse.
Que no es malo, sí aburrido.
Me mola más este viaje,
meterme en líos, engañar
a tíos jetas, hacer planes
y echarle una mano a esta
que buena falta le hace.

LEONOR   Temblando estoy; cada paso
que siento, pienso que es
don Juan, y hasta el viento mismo
se me figura que es él.
¿Si me escucha? ¿Si me oye?
¡Qué propio del miedo fue!
¡Que a tales riesgos se ponga
una principal mujer!

(*Palacio de* ESTELA.)

ESTELA   Me pediste que te espere
repites que ya has venido
ni siquiera sé quién eres.
Tú me dices, yo te digo.
Siempre andas con quehaceres
reuniones, eventos, citas,
en negocios y mujeres,
cuando no tocan amigos.
Y te espero ¿Qué más quieres?
Por querer, el que me quieras.
Por soñar, que si al fin vuelves
te quedes, contar contigo.
(*Acariciándose* ESTELA *el vientre.*)
(*A* RIBETA.)
¿Entiendes?

RIBETA   Entiendo.

ESTELA   Ya tuve otros pretendientes
que me amaron y se fueron,
quedando siempre pendiente
que alguno me conociera.

(*A* RIBETA *que escribe.*)
Anota.

RIBETA   Anoto.

ESTELA   Tengo aquello que mereces:
hermosa piel, boca dulce
voluntad y mil saberes
que pongo a tu disposición.
(*A* RIBETA.)
Ponlo en un párrafo aparte:
mujer lista e independiente
empática, simpática
tan profunda como leve
asertiva y dinámica,
busca a un hombre que la lleve
al altar. No necesita
destrezas de pretendiente
que yo le puedo enseñar,
bastantes conflictos tiene
con el signo de los tiempos.
No importa si nada siente
en los primeros comienzos
para el amor se requiere
que vaya pasando el tiempo,
entregarse y ser paciente
y con todo nunca es fácil.

RIBETA   Parece que estás de oferta.

ESTELA   Yo no soy de esas mujeres
que se afirman liberadas
ansiando lo que no tienen

y engañándose a sí mismas.
Seré feliz si él viene,
si me elige como esposa,
seré feliz si me quiere
no tengo por qué negarlo.
Las que disimulan mienten
y les aguarda una pena,
duradera hasta la muerte,
que se llama soledad.
Quiero colmarle de bienes,
quedar encinta de un niño
en cuanto menos lo espere
y será una bendición,
porque es deber en mujeres
dar la vida, y cuando no
algo en nosotras se pierde,
poder, valor, alegría.

RIBETA Tiempo, dinero, energía.

ESTELA En su empeño por volverse
hombres las mujeres reniegan
de sus dones y se vuelven
menos que medias mujeres.

RIBETA Entonces, ¿hay que venderse?

ESTELA Dijeren lo que dijeren,
más vale un don Juan a mano
que corona de laureles
que se termina secando.
(A RIBETA.)
¿Lo escribiste en los papeles?

RIBETA   Ese don Juan será tuyo.

ESTELA   Firma, sella y que le llegue.

RIBETA   Marchando, señora mía.

ESTELA   Entonces, muchacha, vete.

RIBETA   Pues en camino me pongo.

           (Sale para encontrarse con LEONOR.*)*

RIBETA   Ahora que voy sola quiero mirar bien lo que
           Leonor me ha advertido en este mi camino.
           Porque aquellas cosas que bien no son pen-
           sadas, aunque algunas veces tengan buen
           fin, comúnmente crían desvariados efectos.
           ¡Y esta carta aumenta mi riesgo! ¡Ay, desgra-
           ciada de mí, en qué trampa me he metido,
           que por mostrarme solícita y esforzada me
           la juego! ¿Qué haré, inútil de mí para arre-
           glarlo? Pues, ¿iré o tornarme he? ¡En el osar,
           manifiesto peligro; en la cobardía, denosta-
           da, perdida! Si no voy, ¿qué dirá Estela? Y
           Leonor, ¿qué dirá?, ¿qué hará?, ¿qué pen-
           sará, sino que hay engaño en mis pisadas?
           Más quiero ofender a Estela que enojar a Le-
           onor, mi amiga. Ir quiero. Ya veo su puerta.
           En mayores afrentas me he visto. ¡Esfuerza,
           esfuerza, Ribeta! No desmayes.

LEONOR   Por fin, te estaba esperando.
           ¿Traes la llave?

RIBETA   Sí, la tengo,
me hizo escribir una carta
a don Juan.

LEONOR   Será lagarta
¡Trae!

RIBETA   ¡Cómo te está enfadando!

(Le da la carta. La lee por encima.)

LEONOR   «Me pediste que te espere
Repites que ya has venido…».
No tiene ningún sentido.

RIBETA   Leonor, no entiendo qué quieres.

LEONOR   «Por querer, el que me quieras.
Por soñar, que si al fin vuelves…».

RIBETA   ¡A ver cómo lo resuelves!

LEONOR   Traidor, lograré que mueras.
Seduciré a esta mujer
con las armas de don Juan.
Me vestiré de galán
y así le quitaré el placer.
En este traje podré
cobrar mi perdido honor.

RIBETA   Pareces un dios de amor.
¡Qué cuerpo, y qué grande el pie!

LEONOR   Si de niña vestí de ave
para jugar a la paz,
de varón trueco el disfraz
y espada por pluma suave.

RIBETA   Arriesgada decisión
fue, no volverte más tierna
ni llorar.

LEONOR   Cuando gobierna
la fuerza de la pasión,
no hay discurso cuerdo o sabio
en quien ama; pero yo,
mi razón, que mi amor no,
consultada con mi agravio,
voy siguiendo en las violencias
de mi forzoso destino,
porque el primer desatino
derrotó mis resistencias.

RIBETA   Dejaste atrás tu Sevilla
los proyectos de tu madre
los negocios de tu padre
que te iban de maravilla
y aun siendo un mundo de hombres
lograste un puesto mundano
donde besaban tu mano
y respetaban tu nombre.

LEONOR   Supe que a Flandes venía
este ingrato que ha ofendido
tanto amor con tanto olvido,
tal fe con tal tiranía.

RIBETA   Acepté venir contigo
porque quiero ver el mundo
y no perder un segundo
en rallarme si no ligo.

LEONOR   Ya, pues, me determiné,
y atrevida pasé el mar.
O he de morir o acabar
la empresa que comencé.

RIBETA   Espero no te arrepientas
de haber salido de casa
porque a veces se fracasa
cuando descuidas tus cuentas.

LEONOR   Buenos acuerdos yo hacía.
Pagos, escrituras, rentas,
a los españoles ventas
de costosa mercancía
Sevilla, la puerta indiana
que pare tantos millones,
puerto de varias naciones,
puerta para todos llana.
Lo que es más razón que alabes
es ver salir de estas naves
tanta diversa nación;
las cosas que desembarcan,
el salir y entrar en ellas
y el volver después a ellas
con otras muchas que embarcan.

RIBETA   Alucinada aún estoy
de tu partida, he pensado

           que el traje de hombre te ha dado
           más fuerza.

LEONOR   ¡Yo soy quien soy!
           Engañaste si imaginas,
           Ribeta, que soy mujer.
           ¡Impresiones peregrinas!
           Mi agravio mudó mi ser.

RIBETA   Me gustabas más de mujer.

LEONOR   A Estela da este papel
           y gánate su confianza
           a modo de firme fianza
           para cuando venga él.
           Habla bien de mi grandeza
           y mi gallardo poder
           que en cuanto lo empiece a leer
           sueñe ya con mi belleza.

RIBETA   ¿La venganza es necesaria?
           ¿Debes seducir a Estela?

LEONOR   Se acabó la damisela.
           ¡Seré viril adversaria!

           (*Se asoma* ESTELA *a la ventana.*)

ESTELA   Mucho ese Leonardo tarda;
           qué se sosieguen en palacio, aguarda,
           si no es que de otros brazos
           le entretienen gustosos embarazos.
           ¡Oh, qué mal en su ausencia me divierto!

¿Haga el amor este temor incierto?
Ya sospecho que viene.

LEONOR   Ribeta, ponte a cubierto
                no vayan a descubrirte
                que debe confiar en ti
                y enamorada de mí
                su casa consienta abrirte.

                (*Sale* LEONOR *como* LEONARDO.)

ESTELA   ¡Válgame el cielo! ¿Dónde se detiene
                ese Leonardo a tan tarde hora?
                Hablar oí. ¿Es Leonardo?

LEONARDO   Soy, señora,
                (*Aparte.*)
                –quiero fingirme él mismo– vuestro esclavo,
                que ya por serlo mi venganza tramo.

ESTELA   Confusa os aguardaba mi esperanza.

LEONARDO   Toda mi dicha ha estado en mi tardanza.

ESTELA   ¿Cómo?

LEONARDO   Porque os ha dado,
                hermosísima Estela, ese cuidado.

ESTELA   ¿En qué os habéis entretenido?

LEONARDO   Un rato jugué.

ESTELA   ¿Ganasteis?

LEONARDO   Ganaré.

ESTELA   Decidme algo.

LEONARDO   Mi silencio, hermosa Estela,
mucho os dice sin hablar,
que es lengua el afecto mudo
que está confesando ya
los efectos que esos ojos
solo pudieron causar,
soles que imperiosamente
de luz ostentando están,
entre rayos y entre flechas,
bonanza y serenidad,
en el engaño, dulzura,
extrañeza en la beldad,
valentía en el donaire,
y donaire en el mirar.
Haced dichosa mi pena,
dad licencia a mi humildad
para que os sirva, si es justo
que a mi amor lo permitáis;
que esas venturas, más estos
favores que el alma ya
solicita en vuestra vista
o busca en vuestra piedad,
si vuestros ojos los niegan,
¿dónde se podrán hallar?

RIBETA   *(Aparte.)*
¡Cómo la enamora, mírala!

¡Qué difícil asonante
buscó Leonor! No hizo mal;
le da versos en agudo,
pues que no le puede dar
otros agudos en prosa.

ESTELA   Don Leonardo, bastan ya
las lisonjas, que imagino
que el ruiseñor imitáis,
que no canta enamorado
de sus celos al compás,
porque siente o porque quiere,
sino por querer cantar.

LEONARDO   Dos soles son vuestros ojos,
un cielo es vuestra beldad.
¿Qué mucho que, ruiseñor
amante, quiere engañar,
en la gloria de miraros,
de no veros el penar?

ESTELA   ¡Qué bien sabéis persuadir!
Basta, Leonardo, no más;
esta noche en mi jardín
a solas os quiero hablar.

LEONARDO   Vendrá a obedecerte el alma.

ESTELA   Luego os veré.

LEONARDO   Bien está.
(Se va ESTELA.*)*
¿Qué opinión tienes de Estela?

RIBETA   Que se va cumpliendo ya
tu predicción, pues ella hiela
con su fuego hasta quemar
los corazones más fríos.

LEONARDO   Si de Estela consigo amor,
se la robaré a don Juan.
Hacer justicia es mi plan
y no ha de faltarme valor.
Toma este falso papel
que firma su Estela amada,
donde le cede la entrada
a su alcoba. Dáselo a él.
Y dentro ya de la casa
un dulce licor le ofreces
mientras dice estupideces
el calmante le traspasa.
A avisarme ven volando
aquí te estaré esperando.

RIBETA   No hay barrera que la frene.
Desgraciada ¿Qué no harás?
por revancha se entretiene
con el mismo Satanás.

LEONOR   ¡Déjame, niñata ruin!

                (*Le da una colleja.*)

RIBETA   ¡Qué bien das un pescozón!

LEONOR   Siento una gran desazón.
¡Déjame, vete de aquí!

(Ribeta *de camino a casa de* Estela.)

Ribeta   Mejor será que me aparte, porque ha perdido el control. Las mujeres venimos al mundo con una bomba entre las piernas; podemos hundírnosla dentro o lograr que explote en el otro. En cualquier caso, nuestra sangre entra siempre en juego. El Estado debiera preocuparse menos por la crisis y más en ceñirnos la cintura con un lazo fino de seda. A las mujeres tendrían que soldarnos la pelvis, y cerrarnos el paso y la mente como libros al fondo del estante. El poder debiera reprimirnos más por si algún día, nos diese por cortar ese lazo que no es de seda, y usar al fin nuestras armas. Si ellos afirman que somos asilo de destrucción, seámoslo. Cada mes, mi cuerpo renueva su contrato con la muerte. En él se gesta la corrupción y la mancha y yo me pregunto qué clase de vida puede nacer en la miseria. Mis ovarios son dos granadas. Cada ciclo lunar es un parto fallido, una explosión en el eje de la vida en donde mana la sangre para limpiar mis pecados. De cada ovario penden semillas, parecen dulces al tacto y amargas al gusto. En el instante previo a su detonación, la mujer suaviza sus formas ofreciendo el fruto que entre los dientes, sabe a hierro mojado. Y el otro acepta la entrega. Ella queda abierta, de su carne expuesta brota una flor. Corro a entregar la carta, y a entregar su veneno.

(*Noche, puerta de la casa de* ESTELA.)

LEONOR   ¡Oh, si Ribeta acabase
de venir, para saber
si tuvo dicha de darle
el papel a aquel ingrato
que a tantos riesgos me trae!
Mas ya viene. ¿Qué hay, muchacha?

(RIBETA *a* LEONOR *con un anillo.*)

RIBETA   Que llegué. Que di a aquel ángel
el papel. Que me rindió
este despojo brillante,
pensando que era de Estela.
Que me dijo que dictase
a ella a su dueño hermoso.
Que era suyo y vendrá a hablarle.

LEONOR   Bien está.

RIBETA   Y ¿estás resuelta?

LEONOR   Esta noche ha de entablarse
o mi remedio, o mi muerte.

RIBETA   ¿No es más rápido matarle?
Un golpe en la nuca, un tiro
tu don Juan se va al infierno,
¡y seguimos con el viaje!

LEONOR   Quiero tenerle encerrado
como si fuera un salvaje

hasta que el miedo le venza.
¡Ay mísero de mí, ay infelice!

RIBETA   Mira, Leonor, lo que haces.

LEONOR   Esto ha de ser.

RIBETA   ¡Quiera Dios
que no mandes todo al traste!

LEONOR   ¡Qué mal conoces mi brío!

RIBETA   ¿Quién dice que eres cobarde?
Leonor es la salvadora,
la mujer arrogante,
la redentora. La cabeza,
di, señora, ¿dónde está?

LEONOR   Semíramis, ¿no fue heroica?
Cenobia, Drusila, Draznes,
Camila, y otras cien mil,
¿no sirvieron de ejemplares
a mil varones famosos?

RIBETA   ¡Si no las conoce nadie!
¿Qué razón te van a dar?

LEONOR   La que incita a las madres
a mantenernos despiertas.

RIBETA   Pues ánimo y adelante,
que ya estás en el terreno,

y aquellas ventanas salen
del cuarto de la Condesa.

LEONOR   Ten prevenidas las llaves
que robaste y este licor.

RIBETA   Bien.

LEONOR   Me has de buscar donde sabes,
y trae un vestido mío.

RIBETA   No. Importa más el quedarme
y defenderte, si acaso
don Juan...

LEONOR   ¡Oh, qué necedades!
Yo sé lo que puedo, amiga.

RIBETA   Pues si lo que puedes sabes,
me largo, señora, adiós.

(LEONOR *entra en casa de* ESTELA.)

ESTELA   ¡Jesús! ¿Qué hay aquí.
¡Ay, Dios mío,
un hombre!

LEONARDO   Quedo, no hagas,
Estela, extremos. Yo soy.

ESTELA   ¿Hay un señor en mi casa
a tales horas? ¡Ay, mi honor!

LEONARDO	No estéis, señora, turbada
	que, si Amor me puso aquí,
	en viendo vuestra desgracia,
	él me mostrará también
	la puerta por donde salga.
ESTELA	Rindo todos mis enojos
	a tan corteses palabras.
LEONARDO	Le pregunté a mi cuidado,
	Estela hermosa, por mí,
	y me respondió que en ti
	me pudiera haber hallado.
ESTELA	Haberte, Leonardo, hallado
	en mis ojos, imagino
	que no acredita de fino
	de tu desvelo el cuidado;
	y no parezcan antojos,
	pues viene a estar de mi parte,
	por mi afecto, el retratarte
	siempre mi amor en mis ojos.
LEONARDO	Yo, aunque sé que estás en mí,
	en fe de mi amor, no creo,
	si en tus ojos no me veo,
	que merezco estar en ti.
ESTELA	En fin, no te hallas sin verme.
LEONOR	Como no está el merecer
	de mi parte, sé querer,
	pero no satisfacerme.

ESTELA   ¿Vienes acaso a forzarme,
              a violentarme en mi casa
              como un hombre más que pasa
              de hablar de amor a no amarme?

LEONARDO   Pues yo sé que a don Juan se vio obligado
              vuestro amante cuidado.

ESTELA   Negarlo engaño fuera;
              mas fue... escuchad.

LEONARDO   Decid.

ESTELA   De esta manera.
              Así yo, que vi a don Juan,
              rosa que a la vista agrada,
              de su valor obligada,
              pude admitirle galán;
              mas siendo tu vista imán
              con mis sentidos mediante
              elijo lo más radiante;
              pues aunque la rosa admiro,
              eres el jazmín, y miro
              más fragante gala en ti.
              ¿Qué te admira?
              No es ciega la voluntad.
              Tras mí, como sabes, vino
              amante y fino don Juan,
              quitándose de galán
              lo que se añade de fino,
              sin dejar a qué aspirar
              a la ley del albedrío,

porque si él es ya tan mío
¿qué tengo que desear?

LEONARDO   ¿Lloras?

ESTELA   ¿Pues no he de llorar,
¡ay infeliz de mí!, cuando
conozco que estoy errando
y no me puedo enmendar?

LEONARDO   —Qué buenas nuevas me dan
con esto que por fin he oído—.
Di: ¿no puede acontecer
sin admiración que asombre,
que una mujer busque a un hombre,
como un hombre a una mujer?

ESTELA   ¿Qué dices, señor? Advierte
en tu peligro y mi honor.

LEONARDO   Tú no sabes mi dolor,
tú no conoces mi muerte,
no me hables más de esta suerte.

ESTELA   Cuando un hombre se dispone,
restado, altivo y valiente
a salir con una empresa
aunque por trato le entreguen
lo que valga más, sin ella
necio y desairado vuelve.

LEONARDO   ¡Ah, Ribeta al fin aquí!

RIBETA	Entré, os vine a buscar al pasar la hora.
LEONARDO	Pues bien, ¿qué hay de nuevo?
RIBETA	Que os espera sedado don Juan afuera.
ESTELA	¿Don Juan por mí?
RIBETA	Más por él, según le traje.
ESTELA	¿Qué harás después?
RIBETA	¿Atarlo?
ESTELA	¡Dios!
LEONARDO	Sí, las excusas no basten aunque pida perdón después. ¡Oh, a qué buen tiempo llegaste! ¿Y el vestido que ordené?
RIBETA	Lo traje, como mandaste.
ESTELA	¡Jesús! ¿Qué veo aquí? ¡Traición!
LEONARDO	Quedo, no hagas, Estela, extremos.

ESTELA   ¡Ay, mi honor!

RIBETA   Parad, señora, la charla
que, si ella me trajo aquí,
salvando todas las trabas
él me mostrará también
la puerta por donde salga.

(Se va desvistiendo de varón y vistiendo de mujer.)

LEONARDO
/LEONOR   Mujer, vengo a persuadirte
el remedio de mi honra,
y varón, vengo a alentarte
porque un mal amor se cobra.
Mujer, vengo a enternecerte
cuando a tus plantas me ponga,
y varón, vengo a servirte
cuando a tu fama socorra.
Mujer, vengo a que me valgas
en mi agravio y mi congoja,
y varón, vengo a valerte
con mi acero y mi persona.
Y así piensa que si hoy
como a varón me enamoras,
como mujer le daré
la muerte en defensa honrosa
de mi honor y por nosotras.
Leonardo fui, mas ya vuelvo
a ser Leonor. ¿Me oirás?

ESTELA   ¿Leonardo? ¿Entonces fue engaño?

LEONOR   Por fuerza fue, Estela.

ESTELA   Quedo
            suspensa. Eres Leonor, bella.

LEONOR   Y revelártelo honrado.

ESTELA   Dime, por favor, tu caso.

LEONOR   Yo me incliné a los estudios
            desde mis primeros años
            con tan ardientes desvelos,
            con tan ansiosos cuidados,
            de modo que en breve tiempo
            era un codiciado blanco.
            Llegó la superstición
            popular a empeño tanto,
            que ya adoraban deidad
            del ídolo que formaron.
            Víctima en mis aras eran,
            devotamente postrados,
            los corazones de todos
            con tan admirable lazo.
            Entre estos aplausos yo,
            con la atención zozobrando
            no acertaba a amar a alguno,
            viéndome amada de tantos.
            Y como tan neciamente
            mis padres se descuidaron,
            fue preciso hallarme en riesgo
            para perder el cuidado.
            A casa llegó un día a verme
            don Juan, un sagaz tirano

con mi probada prudencia,
y sin pudor ni recato
me habló de amor y de boda
y mi vida dejé a un lado.
En fin, yo le amé; no quiero
cansar tu atención contando
de mi temerario empeño
la historia paso por paso.
Huyendo se vino a Flandes
y mientras, iba dejando
un rastro de corazones
de ingenuas damas sangrando
solo tuve que seguir
el reguero de sus llantos.
¡Vive dios! he de matarle
en tu casa y por mi brazo.

ESTELA   ¿Le matarás?

LEONOR   Mataré,
             ¡Por Dios!

RIBETA   ¡Pero qué orgullosa!

ESTELA   ¿Lo dices en buena fe?

LEONOR   Lo mataré, no te miento.

ESTELA   No es propio en dama gentil.

LEONOR   Mataré por sus desmanes
             a él y a cuantos donjuanes,

ciento a ciento y mil a mil,
salieren.

RIBETA   ¡Vaya valiente!

LEONOR   Tú ya sabes lo que quiero.
¿Te di vela en este entierro?
Vigila bien, no se ausente
que ahora me corresponde
encadenarlo a la alcoba.
Y es que hasta una dama boba
cuando la dañan responde.

Segunda Jornada

LEONOR *va a la alcoba con don Juan.* ESTELA
a solas, sin saber que RIBETA *la escucha.*

ESTELA   No encuentro paz, ni me permiten guerra;
de fuego apasionado, sufro el frío;
acuno un moisés que sigue vacío;
lanzo al cielo el amor y cae a la tierra.

RIBETA   *(Aparte, a público.)*
Para no salir nunca de su casa
a esta señora de todo le pasa.

ESTELA   Ni libre soy, ni la prisión me encierra;
veo sin luz, sin voz hablar ansío;
temo sin esperar, sin placer río;
nada me da valor, nada me aterra.

RIBETA   O tiene menos seso que una silla
o se mete demasiadas pastillas.

ESTELA   Busco el peligro cuando auxilio imploro;
al sentirme morir me encuentro fuerte;
valiente pienso ser, y débil lloro.

RIBETA   Con las palabras, el reflejo invierte,
rompe el espejo que le da la muerte.

ESTELA   Mira mi continente contenido
                tengo un lago debajo de la frente,
                a veces se desborda por las cuencas,
                donde se bañan las niñas de mis ojos,
                cuando el llanto me llega hasta las piernas
                y mis volcanes tiemblan en la danza.
                Dentro del continente hay contenido,
                los estados unidos de mi cuerpo,
                el estado de pena por la noche,
                el estado de risa por el alma
                –estado de soltera todo el día–.
                Al mediodía tengo terremotos
                si el viento de una carta no me llega,
                el fuego se enfurece y va y me arrasa
                las cosechas de trigo de mi pecho.
                El bosque de mis pelos mal peinados
                se eriza cuando el río de la sangre
                recorre el continente,
                y por no haber pecado me perdona.
                El caso es que mi caso es ser la isla
                llamada a sumergirse o sumergerse
                en las aguas del océano humano
                conocido por vulgo vulgarmente.

RIBETA   En su cuerpo asoma la sinrazón.
                nada más que de amor sus penas son.

ESTELA   Se cumple así mi extraordinaria suerte;
                Siempre a los pies del don Juan que yo
                                              anhelo,
                que ni me da su amor ni me da muerte.

RIBETA   De tanto llorar, su deseo se hará añejo,
           tendrá un hijo y el amor se hará reflejo.

           (ESTELA *intenta acomodarse para descansar.*)

RIBETA   ¡Qué lunática! Mira sus hormonas dispara-
           das. ¡Hazme un hijo, hazme un hijo! pero
           calla, que no se vayan a pensar... ¡Anda allá,
           qué se lo piensen! Si la maternidad es cosa
           de mujeres..., como las hormonas. A ellos la
           paternidad les sucede. Hablo de los hom-
           bres, así en general, como si por haber co-
           nocido a un puñado de cretinos supiera de
           sus hormonas. ¿Y si de verdad ellos son dis-
           tintos? ¿Y si lo de la igualdad es un came-
           lo? No, mejor no. Tampoco sé si alguna mu-
           jer se salva. Las veo alcanzar *esa edad* y se
           ponen tensas. Se alteran como gallinas en el
           palo del establo. Tasan a los machos en tér-
           minos de semental, pintan colores al gallo
           gris y esperanza a las relaciones imposibles.
           Todo vale para alcanzar un sueño. Quizás
           tener un hijo tampoco sirva para cambiar a
           una hombre. Si no lo han conseguido unas
           tetas firmes como estas, dudo que lo haga la
           mierda de bebé.

ESTELA   Qué fácil burlarte, ¿no?

RIBETA   No son burlas, señora, es consciencia.

ESTELA   Te crees moderna por ser joven. Yo fui más
           joven que tú ayer mismo. Tú y las chavalas

como tú hacéis burla de nosotras en vuestros salones de té. Esos descampados en donde bebes a morro de una botella y juegas al muelle como a la ruleta rusa. Mira, a lo mejor te toca un crío y una infección.

RIBETA   Es cierto, no somos todas iguales.

ESTELA   Piensas que soy tonta, que a ti no te pasará. Yo sigo las señales del camino como las siguió mi madre y las siguió mi abuela. Gallinas todas.

RIBETA   Gallinas ciegas.

ESTELA   Migas de pan que pico, tú las picarás. A mí dijeron: –Sé una cabra loca, aprovecha jovencita, mientras puedas, aunque, ojo, ve sentando la cabeza no vayas a quedarte sola, no vayas a vestir santos y se te pase el arroz, pierdas el último tren y mueras olvidada en una guarida rodeada de gatos. No me hagas hablar–. Y lo que se callaron fue peor. Eso se queda tras la puerta, con los colmillos brillantes. Se alimenta de fracasos y sabe esperar. Eso respira detrás, encima, a través de ti y despierta al cumplir los treinta y cuando despierta, vagará por todas las estrías de tu cuerpo hasta que solo te quede gritar: ¡Fuego, fuego, qué me quemo!

RIBETA   ¡Que tu cabaña se abrasa!

(ESTELA y RIBETA *esperan.*)

ESTELA   ¿Por qué sigues a esta loca?
El tiempo corre, Ribeta
y a quien no se queda quieta
la fortuna no le toca.
Párate y queda en mi casa
serás mi nueva asistenta.

RIBETA   ¿Debería estar contenta?
Fíjate si tiene guasa.
Que una nini sin remedio
por el estado ignorada
al comenzar la jornada
vaya a conseguir empleo.
No, gracias.

(*Sale* LEONOR.)

LEONOR   Ahí le dejo,
la mordaza le silencia.
Me sorprende la paciencia
que muestro con el tipejo.

ESTELA   ¡No mataréis a don Juan!
Yo me casaré con él
porque si muere yo sé
que tus penas no se irán.

LEONOR   No te importe mi dolor.
¿Es cierto que le amas? Di.

ESTELA   Diré con la boca «sí»,
          y con el corazón «no».

LEONOR   El «sí» a penar te condena.

ESTELA   El «no» en vergüenza me sale.

LEONOR   Esta en el rostro más vale
          que en el corazón la pena.

ESTELA   Pues mi decoro procura,
          en este trance tan fuerte,
          más sujetarme a la muerte
          que no a la desenvoltura.

LEONOR   ¡Mal haya el primero, amén,
          que haciendo al gusto violencia,
          busca al casar conveniencia
          más que la del querer bien!

ESTELA   Hay que hacer lo que hay que hacer.

LEONOR   ¿El qué?

ESTELA   Aceptar tu destino.

LEONOR   No digas más desatinos.
          ¿El destino lo trae él?

ESTELA   Sí, mas ¿qué remedio así
          consigues desesperada?
          Don Juan muerto y no casada,
          ¿qué pretendes?

LEONOR   ¡Ay de mí!

            (Se oyen ruidos.)

RIBETA   Parece que despertó.
            Voy a ver si vuelve en sí.

            (RIBETA *se va.*)

ESTELA   Di, Leonor amiga, di,
            don Juan muerto y muerta yo.
            Pues si el cielo me forzó,
            me verás en esta calma,
            sin gusto, sin ser, sin alma,
            muerta sí, casada no.

LEONOR   Encontrarás un marido
            más honesto que don Juan
            y no este falso galán
            que a toda dama ha vendido.

ESTELA   ¿Y si acaso no lo encuentro
            si la ocasión he perdido?

LEONOR   Seguro que alguno viene.

ESTELA   Llegan pocos y enemigos,
            cansada estoy de esperar.

LEONOR   Entonces ponte en camino.

ESTELA   ¿Y arriesgarme al qué dirán?
            En doncellas es prohibido.

LEONOR	¿Si no hay quien por ellas hable?
ESTELA	De Dios les vendrá el auxilio.
LEONOR	¿Dios? El cielo no es remedio.
ESTELA	No digas más desvaríos.
LEONOR	Siempre las mujeres, cuando

LEONOR   Siempre las mujeres, cuando
tal vez aplicar se han visto
a las letras o a las armas,
los hombres han excedido.
Y así, ellos envidiosos,
viendo nuestro ánimo invicto,
viendo agudo nuestro ingenio,
porque no fuera el dominio
todo nuestro, nos vedaron
las espadas y los libros.
¿Y así debemos callar?
¿Lo hemos de dar por perdido?
Que los hombres solo engañan.
Hablo de lo que he vivido.
Yo esperé, callé y fui buena
luchando por agradar
me la jugué, sentí pena
y perdí.

ESTELA   Debes parar
y cuidar de tu buen nombre.
Di, ¿tú a don Juan amaste?

LEONOR   Esta experiencia te baste
para aprender. No te asombre

que lo hubiera hecho contigo
primero, él amor te jura
y el amor solo le dura
hasta que llega un testigo
que le exige respetar.

ESTELA No sé, confusa me quedo.
Entiendo tu asco, tu miedo
mas no le debéis matar.

(RIBETA *sale.*)

RIBETA Señora, don Juan os llama.
Insiste en que os quiere hablar.

ESTELA Yo iré.

LEONOR ¿Qué te dice?

RIBETA Que ama.

LEONOR ¿A quién?

RIBETA Yo qué sé.

ESTELA ¡A mí!

RIBETA Murmura sobre una dama
cuyo nombre no concreta,
de seducir tiene ganas
y no me pude frenar.

LEONOR ¿Has sido por él forzada?

RIBETA   Más quisiera, le aticé
fuerte. ¿Qué? Perdí la calma.
Este tío, Juan, me estresa.

LEONOR   Bastaba que lo calmaras.

RIBETA   Ni atado se calla el pavo.

LEONOR   ¿Y si del golpe lo matas?

RIBETA   ¿Pues no has venido a matarlo?
¿O cómo te has puesto falda,
se te ha pasado el enfado?

ESTELA   Voy a verle, que es mi casa.

LEONOR   Id. Vigila bien a Estela.

RIBETA   Tengo un palo si hace falta.

                 (RIBETA y ESTELA *van a ver a don Juan*.)

LEONOR   ¿Qué haré? ¿Mas para qué estudio.
Lo que haré, si es evidente
que por más que lo prevenga,
que lo estudie y que lo piense,
en llegando la ocasión
ha de hacer lo que quisiere
el dolor? Porque ningún
imperio en sus penas tiene.
¿Cuándo llegará el castigo?
La justicia, ¿dónde huye?

¿Dónde está? ¿Cómo es posible
que esta maldad disimule?
Las desdichas, los agravios,
hace la suerte comunes.
¡No importa el mérito, no!
¿Tienen precio las virtudes?
¿Yo aborrecida y sin honra?
¡Tal maldad los cielos sufren!
¿Mi nobleza despreciada?
¿Mi clara opinión sin lustre?
¡Don Juan! ¡Venganza, venganza,
cielos! El mundo murmure
que ha de ver en mi acción
si en un sujeto se incluyen,
valor, agravio y mujer.
(*Regresa* ESTELA.)
Estela.

ESTELA   Señora mía.

LEONOR   ¡Cuánto tu ausencia me cuesta!
           ¿Le hablaste?

ESTELA   Y una respuesta
           en este papel te envía.

LEONOR   ¿Para qué el papel tomaste?

ESTELA   Para traerte el papel.

LEONOR   (*Aparte.*)
           ¡Ay, pensamiento cruel,
           fácil en mi pecho entraste!

ESTELA   Pues, ¿qué importa
              que la tomes y la leas?

LEONOR   ¿Eso es bien que de mí creas?
              El papel arruga y corta.

ESTELA   ¿Qué culpa tiene el papel?

LEONOR   Pues si lo tomo, verás
              que es para romperlo a él.

ESTELA   Intenta rogarte más.

LEONOR   Pesada estás, y por ti
              rompo este sobre y le leo,
              por ti sola.

ESTELA   Ya lo veo.
              Ábrelo, pues.

LEONOR   Dice así:
              (*Abre el papel* LEONOR, *y lee.*)
              «Leonor, si yo pudiera obedecerte,
              »y pudiera olvidar, vivir pudiera:
              »sería contigo ingrato, si fuera
              »bastante estar conmigo y no quererte.
              »Mi muerte injusta tu rigor me advierte,
              »si mi vida en amarte persevera,
              » me rechazarás y por fin muriera.
              »Quien erró en el amor merece muerte,
              »¿que te olvide pretendes? ¿Cómo puedo
              »convencerte y no ser aborrecido?
              »¿Si ensalzo tu poder seré más sabio?

»Te daré hogar porque obligado quedo,
»has de creer este ruego enternecido;
»olvida el fallo y perdona el agravio».

ESTELA   ¿Lloras, leyendo el papel?
            Eso es casi una victoria.

LEONOR   Lloro unas tristes memorias
            que vienen vivas en él.

ESTELA   Quien bien quiere, tarde olvida.

LEONOR   Como el que muerte me dio
            está presente, brotó
            fresca sangre de la herida,
            profundo daño hizo en mí.

ESTELA   Pues tú lo puedes sanar.

LEONOR   ¿Cómo?

ESTELA   Oyéndole, que al dar
            ocasión te ayuda a ti.

LEONOR   ¿Cómo, Estela, aguantaré?
            Corro el riesgo de que escape,
            o que nuevas burlas destape.
            Si se marcha ¿qué haré?

ESTELA   Descansar.

LEONOR   No seré libre.

ESTELA   Menos serás si le matas.
             Haz el favor de escuchar.

LEONOR   Nadie en mi albedrío manda
             sino yo, pues una cosa
             es la obediencia y contraria
             la fuerza, porque mujeres
             valientes, estas sagradas
             materias de honor las miran
             siempre como voluntarias.

ESTELA   ¡Decídete de una vez!

LEONOR   Lo que yo una vez amé,
             lo que una vez aprendí,
             podré perderlo, ¡ay de mí!,
             olvidarlo no podré.
             ¿Olvido donde hubo fe?
             Miente el amor. ¿Cómo hallara
             paz una verdad tan clara?
             Por mi bien lo mataré.
             (ESTELA *se enfrenta a* LEONOR.)
             ¿Qué haces?

ESTELA   Procuro librarle
             de la muerte con valor.

LEONOR   ¿Hay suceso más notable?
             ¿A quién procura ofenderos
             defendéis?

ESTELA   Puede importarme
             su vida.

LEONOR   ¿Qué es esto, cielos?
          ¿Tal mudanza en un instante?
          ¡Ah, voy a matar a don Juan!

ESTELA   No os habrá de ser muy fácil
          que soy yo quien le defiende.

LEONOR   ¡Terribles golpes!

ESTELA   Más vale,
          porque se ha acabado el juego.

RIBETA   ¿Pero estas locas qué hacen?
          ¿Vais a parar de pegaros?

ESTELA   ¡Si tú no le quieres! ¡Vete!

LEONOR   Tú tampoco, bien lo sabes.

ESTELA   Que le ame o no le ame
          no importa, va a ser mi esposo.

LEONOR   ¡Idiota!

ESTELA   ¡Y tú!

RIBETA   Y tú más…
          ¡Y saben bien lo que se hacen!

ESTELA   Yo os tengo que dar la muerte.
          Procúrame tú matar;
          porque muriendo las dos
          con ambas vidas se acabe.

Deja de usar la razón,
que en afrentas declaradas
mejor hablen las espadas
y venza mi corazón.

(*Pelean.* Leonor *reduce a* Estela. Leonor *entra a matar a don Juan pero queda en suspenso. Escucha la voz de su* Madre.)

MADRE   ¿Se puede saber qué haces?

LEONOR   ¿Quién eres tú?

MADRE   ¿No lo sabes?

LEONOR   ¡Madre!

MADRE   Tus actos tan graves
movidos por el despecho,
¿te han dado satisfacción?

LEONOR   Duele, duele aquí dentro
arde en el pecho mi centro.

MADRE   El orgullo hiere el corazón.
Fingiste ser un hombre.
y aplicando fuerza y engaño
solo te causaste daño
al renegar de tu nombre.
Debes aprender a confiar.
¿Quién eres?

LEONOR   Leonor.

MADRE   ¿Qué has conseguido?

LEONOR   Nada.

MADRE   ¿Marido?

LEONOR   No.

MADRE   ¿Dinero?

LEONOR   No.

MADRE   ¿Hijos?

LEONOR   Tampoco.

MADRE   ¿Tienes poder?

LEONOR   Para qué.
Dame, no importa a qué precio,
alguna grande pasión
que llene un gran corazón
que solo abriga desprecio.
¡Dame, madre, cual lo soñó
mi mente en su afán profundo,
algo... más grande que el mundo,
algo... más alto que yo!.

MADRE   Aprende a vivir en paz.

LEONOR   La paz, ¿qué paz?

MADRE   Tu paz.

(*La* MADRE *desaparece.*)

LEONOR   Necesito descansar.
               Dormir, tal vez soñar…

(RIBETA *despierta a* LEONOR.)

RIBETA   ¡Leonor!, ¿estás bien?

Tercera Jornada

Estela *se acerca y le habla.*

ESTELA   Te pido su perdón.

LEONOR   ¿Mi perdón?

ESTELA   Te lo ruego.

LEONOR   ¡Quédatelo!

ESTELA   ¿Qué?

LEONOR   Tuyo es.

RIBETA   Entonces, ¿no lo matas?

LEONOR   La única muerte es mía.

ESTELA   ¡Señora!

LEONOR   Ve y suéltalo.

(ESTELA *besa a* LEONOR *y sale.*)

RIBETA   ¿Para qué las aventuras?
Hambre, cansancio, enfado.

Golpes, engaños, sueño,
ir de un lado a otro lado
tras los pasos de ese asno
que no vale ni un centavo
para que ni lo mates ni te cases
y se quede con Estela,
tienes tela y un par de hostias
a ver si por fin despiertas.

LEONOR   ¿Yo, despertar de qué?

RIBETA   Del error.

LEONOR   Errar es de cobardes,
de amadas en espera, de condesas
ignorantes colgadas de su don Juan.
Maravilla solía ser
de toda la Andalucía.
¡Ribeta! Quién lo diría,
ya no soy la que era ayer.
Y no sé ni a dónde ir.

(*Sale* ESTELA.)

ESTELA   ¿Te vas?

RIBETA   Se va.

LEONOR   He de que partir.

(LEONOR *empieza a vestirse con ropa de camino.*)

ESTELA   ¿A dónde irás?

LEONOR   No lo sé.

ESTELA   ¿Irás sola?

LEONOR   Más sola estaba con él.

ESTELA   Leonor, voy a ser madre.

LEONOR   ¿Madre?

ESTELA   Mi vientre empieza a saber.

LEONOR   Enhorabuena. ¿Y el padre?

ESTELA   Se alejó en mis prioridades.

LEONOR   No somos todas iguales.

ESTELA   Aprenderás a querer.

LEONOR   Y pagarás con tu amor.

ESTELA   No hay rosa, no, sin espinas.

LEONOR   No hay espinas, no, sin sangre.

ESTELA   Vuelve a ser Leonor.

LEONOR   ¿Qué Leonor? La que dejó su mundo por Juan.
La agraviada, Leonor que fue Leonardo, la
que viajó de Sevilla a Flandes clamando

venganza. La niña que soñó ser ave. La hija del comerciante, la heredera. La orgullosa. Fui Leonor. ¿Qué queda de lo que fui? Ya no soy la que era ayer.

RIBETA   Estas mujeres no sabrán quién son, pero responden a todo.

LEONOR   ¡Dejadme sola!

ESTELA   Sola quedas.

LEONOR   Gracias, Estela.

              (*Se va* ESTELA.)

RIBETA   ¿Qué hacemos, continuamos?

LEONOR   Tú te vas.

RIBETA   ¿Qué me voy yo?

LEONOR   Vuelve a Sevilla.

RIBETA   Ni de coña yo vuelvo
              allí ya perdí mi silla
              y demasiado el tiempo.
              Salí a por aventuras
              no para regresar.

LEONOR   Vete, debo pensar.

              (*Empieza a empacar sus cosas.*)

RIBETA   ¿Pensar el qué? ¡Hacer!

LEONOR   No lo sé.

RIBETA   El saber para los libros, poder, Leonor ¡Poder! y con el poder, riquezas, y con las riquezas todo lo demás. El futuro es cosa nuestra y es terrible que lo malgastes.

LEONOR   ¡Cállate! Pierdes el tiempo.

RIBETA   Tu dolor está dicho. Tu dolor es... obsceno.

LEONOR   ¿Obsceno?

RIBETA   Ya pasó, amiga Leonor.

LEONOR   No, obscena es la mentira y el engaño.
Obsceno su puño contra mi boca mientras
[me gritaba nena.
Obsceno que te abran la puerta y te cierren
[la boca.
Obsceno no es un pene entrando y saliendo,
[lo obsceno es que no lo quieras.
Lo más obsceno después de usar tampones
blancos que flotarán en el océano, y
de jurar lealtad a una bandera.
Es el pan nuestro de cada día, libre de gluten.
Es la maternidad a los 45.
Es tomarse de la mano entre las ruinas de
Damasco.
Lo obsceno para mí es la palabra amor.
Sí, amor.

El amor tras la primera mentira, el amor mientras te raspan el útero, el amor en tu reloj de pulsera, el amor que intenta borrar el tiempo con tres pinchazos de bótox.
El amor eterno es lo más obsceno que yo temo.
Drogada, borracha, adicta. Meando amor, cagando amor, estornudando amor. Tatuándome corazones y mariposas entrelazadas, tintándome las mejillas de un rosa rubor adolescente. Es obsceno que la piel del himen se pueda tensar de nuevo.
Y que el amor sea lo único que nos queda.
Hablar del amor, pensar en el amor, compartir amor ¿Existe más prioridad para nosotras?
El amor mueve el mundo y mueve montañas.
El amor te salvará.
¿Por qué nos lo creemos?
El amor no me ha salvado.
El amor casi me mata. Se me metió dentro y
[me echó.
¿Y a dónde demonios fui?

(*Comienza una tormenta.*)

RIBETA   Lo siento. ¿Qué quieres, Leonor?

LEONOR   Descifrar el eco. Decidir yo.

RIBETA   ¿Vuelves a Sevilla?

LEONOR   No, sé lo que me espera en casa, silencio y lentejas de hierro, agudas porque se clavan en la palabra fracaso.

RIBETA   ¿Y si nos fuéramos juntas?

LEONOR   Debo ir sola. Busca tu lugar, yo buscaré el mío.

RIBETA   Hasta aquí entonces.

LEONOR   Suerte.
(LEONOR y RIBETA *se despiden.* LEONOR *camina con una maleta. Llueve. Se refugia bajo un alero.*)
Ya ni rencor ni desprecio,
ya ni temor de mudanzas;
tan solo una sed..., una sed
de un no sé qué, que me mata.
Ríos de la vida, ¿dónde estáis?
¡Aire!, que el aire me falta.
¡Agua!, que mis ojos lloran.
¡Fuego!, abrasándome el alma.
Que arde al extender mis alas.
Tierra para planearla
cada noche, en cada sueño
porque no alcanzo a abarcarla.
¿Dónde encaminar mis pasos?
¿Dónde dar suelta a esta nada?
Morir, vivir ¿Tanto importa?

(*Entra la* MADRE.)

MADRE   Importa, claro que sí.

LEONOR   ¿Madre?

MADRE   Hija.

LEONOR	¿Eres real?
MADRE	Aquí estoy.
LEONOR	¿En Flandes?
MADRE	Y aún en el mismo infierno. Traigo algo para ti. Mira al frente.
LEONOR	¿Don Juan encadenado?
MADRE	Vino por su propio pie.
LEONOR	¿Cómo hiciste?
MADRE	Tu padre sabe de leyes y yo sé convencer.
LEONOR	¡No quiero verle!
MADRE	Háblale.
LEONOR	Soñé que hacía justicia, que a don Juan encadenaba, soñé que le liberaba y que me liberaba yo.
MADRE	Haz lo que debas hacer.
LEONOR	Madre, no alcancé marido, ni dinero, ni poder.
MADRE	Poco importa.
LEONOR	Madre, dijiste qué.

MADRE   Fue un sueño dentro de un sueño.

LEONOR   No me pidas más que olvide.

MADRE   ¿Quién habla de olvido, hija mía?
Salda tus deudas contigo.
Que yo me vuelvo a Sevilla.
Queda con mi bendición.
(LEONOR *toma fuerzas y le habla a Juan.*)
¿Juan? ¿Juan? Calla, por favor.
Hablemos de lo pendiente.
Permíteme que hable yo.
Hablaré de igual modo.
No busco conversación
ni vuelta a la jaula de oro,
ni un vino, ni una razón.
Escúchame, no te quiero.
Te pude querer un día
y si lo pienso, aún te quiero,
pero no voy a pensar.
Si te pienso aún me enredo
entre pensares de plata
y pierdo la fuerza en sueños
a fuerza de soñar deseos.
Como mujer quise amarte
como hombre te di por muerto
pero don Juan no respeta
ni a mujer ni a caballero.
¡Qué poco hermoso es tratar
al otro peor que a un perro!
De tanto agraviarle un día
se cansará de ser bueno.
Quererte

fue una bomba en el cráneo.
Quererte
una trampa para osos.
Creerme
una mitad putrefacta.
Te quise por tu silencio.
Por tus ausencias.
Por mi empeño.
Nada
nunca
nuestro.
Lástima de indefinidos
y de amaneceres nuevos.
¿Yo, soy quien soy? No lo sé.
Ya no soy quien iba siendo.
Mi agravio mudó mi ser.
Hoy te alcanzo y te doy muerte.
Hoy hago frente a mis miedos
para recobrar la suerte
Jamás,
jamás,
jamás.
(LEONOR *deja ir a don Juan.*)
Se recuesta en el muro.
Deja de llover.
La jaula se ha vuelto pájaro
y voló hacia la mañana.
¿Qué haré con la soledad?
¿Tirarla por la ventana?
¿Tirarme yo, amigo miedo?
Quiero borrar tu palabra
negarte no, pero siento
esta sed en las entrañas.

¡Sed de volar aún más alto!
Justo allí en donde aguarda
la fe en aquello que valgo,
donde anida la esperanza.
Pájaros entre mis brazos
abren conmigo las alas.
¡Aliento para cantarlo!
Y queda en libertad mi alma.

(LEONOR *dibuja con el agua de lluvia en la pared*:)

YO SOY QUIEN SOY.

Esta primera edición de *La entretenida* y *Mi agravio mudó mi ser*,
de Laura Rubio Gallero, terminó de imprimirse
en mayo de dos mil veinticuatro,
en Madrid.